松浦恵津子
Matsuura Etsuko

# 日本語教育における文法指導の現場から

From the Field of Japanese Grammar Teaching : Aspects of Relationships on Anaphora, Conjunction, and Sentence Elements, etc.

## 照応・接続・文の成分間の関係性の諸相

笠間書院

# 目 次

# 第3章　指示形容詞と名詞とのかかわり

# 第4章　書き言葉における文脈指示
## ――「この」と「その」の場面と場――

# 第8章　「－ないまでも」節の意味と機能

# 第9章　逆接的な関係をつくる「Nデモ」
## ——Nデモ（名詞＋とりたて助辞）とNデモ（名詞譲歩形）——

# 第10章　「過不足・優劣」を表す動詞連体形について
## ——「上回る」を中心に——

# はじめに

　人が言語で何かを表そうとするとき、単語を選びその形式を整えたうえで配列し文のかたちにする。文の中に入った単語は、その性質や形に応じて文中の他の要素とのあいだで、たとえば主語-述語、修飾-被修飾などの関係を作る。また、いくつかの単語がまとまって節を作り、その節が接続形式に応じて他の節とのあいだでさまざまな関係を作る。あるいは、文中のある要素、たとえば指示語などがその形式に応じて、文中や他の文の要素と照応する場合もある。このような文の成分相互の関係、接続関係、照応関係など——時間の流れに沿って言語の線条中に並んだ要素どうしの関係（シンタグマティックな関係）——に加えて、たとえば逆条件節を作る異なる形式どうしの関係や指示語コ・ソ・アの関係など——ある形式の代わりに選択的に現れうる関係（パラディグマティックな関係）——もある。本書ではそうした関係のうちのいくつかを取り上げる。第1章は、そうした関係の理解に基づく予測能力について述べるもので、第2章以降は、ある形式が他の要素とどのようにかかわりあっているのかについて論じる。

　こういった文の要素間の関係について明らかにしたいと考えたのは、留学生に日本語を教える中で、文の意味が理解できない原因が文の要素間の関係をつかめていないことにあったり、同じような機能をもつ語形式の選択にとまどっていたりするのを見て、教える側の著者が十分にこたえられていないという思いがあったからである。一応の文法事項は教材で学ぶことができても、留学生は誤った日本語文を作ったり、生の日本語に触れてどうしてこうなのかという疑問を持ったりする。そういった箇所は日本語教師でも簡単には説明できず、実際に使われた用例を記述し、帰納的に解明していくことがてがかりになる。そうして基本的・典型的な用法に加えて、中間的なもの・ある条件の下で例外的な用法となるものなどを説明することで、日本語学習者の要求に応えることができる。本書は、そうした日本語学習者への指導にも生かすことができるような研究を集めて提供するものである。

　**第1章**は、動詞テ形で接続された前件と後件との関係を中心に、日本語母

語話者と日本語学習者がどの程度後件を予測しながら聴解を行っているかをテレビニュース文により調査したものの報告である。正確な予測にはどのような要素がかかわっているかについても述べる。このような予測能力というのは、言語内、言語外のさまざまな知識・能力が複雑に関連し合った総合的な能力である。したがって予測の精度を決めるのは、テ形接続の前後の意味関係の把握に限られるわけではない。しかし、言語上の特徴（テ形動詞が意志的か無意志的か、前後件の主語が同一であるか、など）からテ形接続が表す前後の意味関係を予測できるほうが聴解には有利であろう。聴解に限らず、読解においても文の要素どうしの意味関係の予測・理解は、基本的で必要不可欠なものである。母語話者は、無意識のうちにそれを予測し聴解や読解に役立てていると考えられる。学習者についても、文の要素どうしの関係の予測・理解ということにポイントをおいて学ぶことが聴解力や読解力を伸ばし、作文や発話においてもより正確な産出活動につながる。

　第2章では、指示語「ソンナ」（＝こんな・そんな・あんな）と「ソウイウ」（＝こういう・そういう・ああいう）の相違を作例や用例を用いて考察する。また、「ソンナ」と「ソウイウ」の特性の相違が、話題・内容による両語の頻度の違いに影響していることや、「ソンナ」のもつ特性が「ソンナ」特有の用法にどう関連しているかについて述べる。さらに、「ソンナ」と「ソウイウ」の品詞性について考える。日本語学習者にとって、第1章のテ形接続の前後関係のようなシンタグマティックな関係の把握だけでなく、例えば同じ指示語の中でコ・ソ・アのどれを選ぶか、あるいは同じソ系でもソンナかソウイウかというパラディグマティックな関係の理解も言語能力の一側面として重要である。

　第3章で取り上げるのは、指示形容詞「ソンナ」「ソウイウ」「ソウシタ」「ソウイッタ」等とそれらが修飾する名詞とのかかわりである。たとえば「こんな本」と言った場合、「こんな」は本の内容を示しているのか、外観を示しているのか、価値を示しているのか、あるいはその他の属性を示すのかというように、指示形容詞は名詞が表すものごとのどんな側面を表しうるのかということを、用例を挙げて述べていく。修飾成分である指示形容詞と被修飾成分である名詞とのかかわりとは、名詞が表すものごとがもつどんな側面を指示形容詞によって表すかということである。また、高橋（1979）における連体動詞句と名

詞のかかわりとの相違も考察する。そして、「指示形容詞」という「形容詞」であるがゆえの、連体動詞句の場合と異なる名詞とのかかわりの特徴、また「指示語」であるがゆえの、他の形容詞との違いを述べる。日本語教育においては、「指示形容詞」という用語自体が取り上げられることがほとんどなく、「指示形容詞」に焦点をあてた指導はあまり行われていない。初級で「この・その・あの」というどのものであるかを指定する連体詞－きめつけ詞を扱う程度である。しかし、指示形容詞が何を表すかということの理解は、他の指示語と同様、聴解力・読解力の基礎であり産出活動をより豊かなものにするということは言うまでもない。

　第4章は、書き言葉において文脈指示の「この」と「その」を使う場合、どのような客観的な現実の場面（広い意味での文脈）を、書き手がどう主体的な場（書き手の近接感）にとらえなおして、「この」「その」を用いるかを整理する。高橋（1956）は、話し手が現実の場面をとらえて言語化するとき、それを直接言語化するのではなく、客観的な場面を話し手の立場から主体的な場にとらえなおして、それを言語化するのだと述べて、このことをコ・ソ・アの現場指示をめぐって考えている。その〈場面→場→発話〉というプロセスを、文脈指示の用法においても確認する（ア系は書き言葉ではあまり使われないため、「この」と「その」をとりあげた）。第5章とも関係するが、話し言葉の場合も含めて文脈指示でコ・ソ・アのどれを使うかは、日本語学習者が中・上級になっても見られる誤りのうちの1つである。ある程度まではどういうときにコ・ソ・アを使うかという説明（客観的な〈場面〉）を聞いて使い分けができても、指示語の場合は〈主体的な場〉にとらえ直す――感覚的な近接感等でとらえ直す――というプロセスが母語話者の場合と同じようにはいかないのだと思われる。感覚的な〈主体的な場〉ということを考慮に入れた日本語学習者への指導のためには、〈場面→場→発話〉というプロセスに即した研究が行われる必要がある。

　第5章は、会話文における文脈指示のコ・ソ・アを取り上げる。第4章と同様、〈場面→場→発話〉というプロセスに基づいて考察する。まず、客観的な場面（広い意味での文脈）として、「A 話し手が言ったことを指すのか、聞き手が言ったことを指すのか、話題になっていることを指すのかという照応先」「B 話し手・聞き手の指示対象に対する知識や関係」を各用例について調べる。

次に、A・Bに関してどのような指示対象が「どう主体的な場に捉え直される
のか」つまり「C 心理的に、近いあるいは遠いととらえるか、自分あるいは
相手の領域内のものとしてとらえるか」ということを現場指示の場合との関連
で考える。

　第6章は、指示語から転成した接続詞「それが」の意味・用法について考
察する。「A「それが」の前後が同一話者の場合」と、「B「それが」が相手の
発話を受け、話し手自身の発話につなげる場合」とに用例を分け、「それが」
が前後をどのような関係で接続しているのかを整理する。「それが」はフォー
マルな書き言葉にはあまり使われない接続詞であるが、話し言葉では他の逆接
の接続詞にはない談話機能をもっていることも述べる。どのような相手の発話
を受けて、どう後に続けるのかという関係を明らかにし、特に自分が言いにく
いことを言うときに生かせるという点で、日本語学習者にとってもコミュニ
ケーションで役立つ接続詞である。

　第7章は、事象と事象の逆条件関係を、節と節との関係で表す4形式「−テ
モ」「〜トシテモ」「ニシテモ」「ニセヨ［ニシロ］」の相違について考察する（表
記が「−テモ」「〜トシテモ」「ニシテモ」というように異なっているのは、各形式の品詞的
位置づけの違いによるものである。本書p.146・表7を参照）。この4形式がどのような
逆条件関係を表しうるのかについて、各逆条件節の用法（既定・仮定・一般・反
現実）や、各節が記述文（現象・できごとを述べる）か判断文（判断を述べる）かと
いうことを中心に考えていく。条件形には「−と」「−ば」「−たら」「−なら」の
4語形があるが、逆条件節をつくる形式も上のような複数の形式が存在する。
条件形と同様、逆条件節をつくる形式もそれぞれの用い方に明確な境界線を引
くことはできず、お互いに重なり合っている部分がある。これは日本語学習者
をとまどわせる現象の1つであるが、それでもこういった言語の実態を明らか
にし、各形式の典型的な用法を示すなどしてわかりやすく伝えていくことが必
要である。

　第8章は、「−ないまでも」に導かれる節が後続の節に対してどのようなは
たらきをしているのかについて考える。まず、「−ないまでも」節で述べる事態
と、「−ないまでも」節と同様の意味機能をもつことがある「にしても」「にせよ」
「ものの」節で述べる事態とを比較する。次に、「−ないまでも」節で述べられ

る事態の特徴と、「-ないまでも」節のテンス形式や陳述的独立性との関連を考える。最後に、「-ないまでも」節が表す意味的特徴から、逆条件節としてよりも修飾語節としてのはたらきにより近いと考えられることを述べる。

第9章では、逆接的な関係をつくる「名詞（N）＋とりたて助辞」のNデモと名詞譲歩形のNデモとの区別がつきにくい場合の要因を考える。例えば「高齢者でも筋力向上が期待できる。」という文で、「高齢者でも」は「名詞＋とりたて助辞」のNデモ（「高齢者は 筋力向上が 期待できる。」の「高齢者」に助辞デモがついた）なのか、名詞譲歩形のNデモ（「（それが）高齢者でも」という主語が現れていない従属節の述語）なのか。用例中のNデモと文の他の要素との関係を分析し、どちらのNデモかを判定しにくい理由を述べる。

第10章では、「過不足・優劣」を表す動詞のうち「過・優」を表す「上回る」「こす・こえる」「まさる」「しのぐ」の連体形を取り上げる。これらの動詞は文末述語に使われて変化を表すものもあれば、変化を表さず、状態・性質的意味を表し元々アスペクトから解放されているものもある。その連体形スル/シタ/シテイル/シテイタの各語形が、アスペクト的な意味を表しているのか、あるいはアスペクト的な意味を表さず特性や状態を表しているのかについて分析する。つまり、これらの動詞の連体形が、多少・優劣など量的質的に変化しうる事物や数量等を表す名詞を修飾して、その事物の量的質的側面に変化・状態・特性の点からどうかかわっているのかについて考える。このテーマは、留学生が作った「今回のコンサートチケットの販売は、前回を上回った売り上げだった。」という文をきっかけに考察したものである。動詞連体形が表す意味が文末述語動詞の場合とは異なることがあるということは、日本語学習者がとまどう事項の1つである。動詞連体形の使い方を整理して日本語学習者に提示するための資料の1つとしたい。

なお、表記・用例出典の示し方については、初出論文のままを基本とし、統一しなかった。用例は、『CD-ROM版 新潮文庫の100冊』『CD-ROM版 新潮文庫 明治の文豪』『CD-ROM版 新潮文庫 大正の文豪』『CD-ROM版 新潮文庫の絶版100冊』『現代日本語書き言葉均衡コーパス』(BCCWJ)（国立国語研究所）、その他小説・新聞記事などから集めた。用例中の〔　　〕内は本書の著者によ

る補足であり、「……」は引用を省略した部分であることを示す。会話文では、誰の発話であるかを明確にするため、発話者を補って示した用例もある。

第1章

# ニュース文聴解における予測能力
## ——テ形接続を中心とした日本語母語話者と日本語学習者との比較——

**要旨**

　日本語母語話者と日本語学習者の予測能力の一端を明らかにするために、テレビニュース文をテ形接続まで聞かせて後続部分を予測させるという調査をおこなった。調査の結果、日本語母語話者はかなりの確度で予測をおこなっていることがわかった。一方学習者の場合は、前件の主語が明示されていなかったり意味の難しいと思われる語彙が使われていたりすると、予測がうまくいかないことがあった。日本語母語話者は、前件の意味内容を理解してテ形接続の用法を予測し、さらに言語外の一般的な知識を用い、先行文脈との関連やニュース文という性格・制約も考慮に入れて、テ形接続の後続部分を予測していると思われる。

【キーワード】日本語母語話者　日本語学習者　ニュース文　聴解　テ形接続
　　　　　　　予測能力

## 1.　はじめに

　予測能力について寺村（1987：57）は「聴いた瞬間にその聴いた部分を理解するだけでなく、その後にどういう語の連なりが来るかをも瞬間に予測する能力」といっている。また「ネイティブスピーカーはそれほど注意を集中させなくても話しの流れについていくことができるが、外国人は、少なくともはじめのうちはなかなかそうはいかない」と述べ、これは予測能力に関係があるからだといっている。予測どおりのものが次にくれば、そうでない場合に比べて理解に要する集中力の負担が少なくてすむだろうし、不明瞭な聞こえ方であっても推測によってその語と認識できる可能性も高くなるだろう。では、日本語母

語話者（以下「日本語話者」）はどの程度まで予測することが可能なのだろうか。日本語学習者（以下「学習者」）の場合はどうだろうか。また、予測能力にはどのような要素がかかわっているのだろうか。本稿は、日本語話者と学習者がテレビニュース文の聴解に際して、どのような予測をおこなうことができ、その予測にはどのような要素がかかわっているのかという予測能力の一端を明らかにするためにおこなった調査の報告・研究である。

## 2. 研究の目的

　テレビニュース文の特徴の一つに、長文が多いということがあげられる。これは、連体修飾節・テ形や連用形による接続の多用に関係している[1]。本研究では、テレビニュース文の長文の要因の１つであるテ形接続をとりあげる。テ形接続の前件を聞いて後件の内容を予測するという内容予測に焦点をあてて、日本語話者と学習者による予測の比較をおこない、予測にどのような要素がかかわっているのかを分析する。

## 3. 調査の概要および予測内容の評価
### 3.1 調査の方法

　調査には、NHK総合テレビ午後７時のニュースの音声だけをそのまま用いた。テ形接続を含む文をテ形まで一度聞かせ、後続部分を予測して書いてもらった。先立つ１文または２文とともに聞かせたものもある。また、予測のてがかりとなった語句や内容、なぜそのような予測をしたかの理由も書いてもらった。調査に用いたニュース文と予測回答にどのようなものがあったかについては、ニュース文２・７・３・５・４はこの順で「４．結果と考察」に、ニュース文１・６・８は本稿末の【資料】に示してある。テ形接続の用法でみると、

---

1)　　稲垣（1987：81）によると、１文の平均字数はNHKテレビニュース74、新聞の論文記事60、小説30〜40である。ほかに１文の平均文節数で比較したものでテレビニュース22、日常談話3.81、落語の地のしゃべり7.42、講義9.31というデータがあげられている。また、連体修飾節、連用形接続が多いということは桂（1995）でふれられている。今回ニュース148文を調査したところ、テ形接続は約２文に１回の割合で使われていた。

継起関係3つ（ニュース文1・2・8）、手段・方法2つ（ニュース文3・4）、「原因・理由－結果」の関係（因果関係）3つ（ニュース文5～7）の計8つである。

## 3.2　被験者

　調査の対象となった日本語話者は、18歳（大学生）から40歳代の27人である。学習者は20歳代～30歳代の留学生で、日本の大学に学部生、大学院生、研究生として籍をおく者27人である。学習者のうち、大学院生は14人（修士課程7人、博士課程7人）であった。

## 3.3　予測内容の評価

　ニュース原文の内容に即してどの程度予測できたかをみるために、被験者に書いてもらった予測文を次のA～Eの5段階に分けた。内容を中心とした評価である。文体や文法的な適格性については、原則として評価の基準からはずした。また、テ形はテンス・ムードの形をもたず、これを後件の述語に依存しており、予測文によってはテンスにばらつきのみられるものがある。文脈中にテンスを決定するてがかりがない場合は、テンスについても評価の基準からはずした。さらに、「経費が増えて⇒予算が不足する<u>見通しが強まりました</u>」の下線部のように、テ形接続の直接的な後件の範囲外についても評価の対象としていない。評定者は著者と、日本語・日本語教育を専攻する博士課程在籍の学生2人の計3人である。

　A：原文と同じ内容を含むもの。使用する語が違っていてもよい。
　B：原文と内容は異なるが、前件と後件との内容的なつながりがニュース文として成立するもの。
　C：前件述語と後件との内容的なつながりは理解できるが、ニュース文として不適切なもの。あるいは文脈からみて不適切なもの。
　D：内容的に前件と後件とのつながりに無理があるもの。
　E：テストの主旨を理解していないもの、無解答のもの。

## 4.　結果と考察

　評価A～Eを5～1の点数に置きかえて平均点を出し、結果をグラフで表す

と次のようになる。

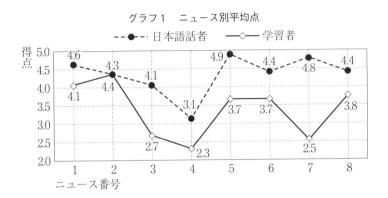

グラフ1　ニュース別平均点

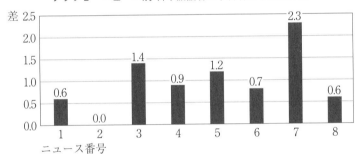

グラフ2　ニュース別 日本語話者と学習者の平均点の差

　グラフ1をみると、日本語話者と学習者は、各ニュース文の平均点の水準が同じものもあるが、全体的に日本語話者のほうがよかったことがわかる。テ形接続の用法別では、学習者は、テ形接続が継起関係を表すニュース文1・2の平均点がよかった。また、日本語話者・学習者とも手段・方法を表すニュース文3・4の平均点が低めであった。（しかし、このデータだけでは、テ形接続の用法別の予測について、その傾向をいうことはできない。）

　グラフ2では、ニュース文2は日本語話者と学習者とでほとんど差がみられなかった（－0.037）ので、その差が棒グラフに表されていない。日本語話者と学習者とで平均点に差がみられたのは、差が大きかった順にニュース文7・

３・５であった。ニュース文４は日本語話者、学習者ともに平均点が低かった。次に、これらのニュースについて詳しくみていく。

　ちなみにＤ・Ｅの差を設け点数を与えるのは意味がないという考え方から、ＤもＥと同様０点として計算した場合、グラフ３のようになる。日本語話者、学習者のニュース別の平均点の傾向や、ニュース別の日本語話者と学習者との得点差の傾向は、Ｄを１点として計算した場合（グラフ１）と同様であった。

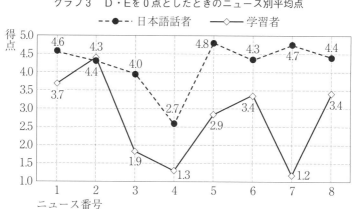

グラフ３　Ｄ・Ｅを０点としたときのニュース別平均点

① ニュース文２について

　ニュース文２〔継起関係〕（⇒以下の下線部を予測させた。）

　　来月、日米首脳会談が行われることになりました。村山総理大臣は年明けの来月通常国会の招集前に、就任後初めてアメリカを訪問し、11日にクリントン大統領との日米首脳会談を行うことになりました。五十嵐官房長官が記者会見で明らかにしたところによりますと、村山総理大臣は、来月の９日か10日に日本を発って、⇒　11日にワシントンでクリントン大統領と日米首脳会談を行い、来月13日か14日に帰国する予定です。

　日本語話者の予測：A12　B13　C1　D1　E0

　学習者の予測　　：A12　B13　C2　D0　E0

（A～Eは評価、数字は人数、以下同）

ニュース文2は、日本語話者と学習者の平均点の差はほとんどなかった。得点としては高い方で、特に学習者のほうは、ニュース文8つのうちで最も得点が高かった。

　A判定の予測文には次のようなものがあった。（予測文はテ形接続の直接的な後件部分のみを示しその範囲外の文末は省略したものがある。表記の誤りは正し、内容は要約したものもある。以下同）

　A(a)（日本語話者）「11日にクリントン大統領と会談する予定です」

　　(b)（学習者）　　「11日に、アメリカの首都ワシントンで会談をします」

　ニュース文2は、予測部分の内容（「日米首脳会談を行う」こと）が先行文脈で2回述べられていること、予定を述べる単純な継起関係であることなどから、他のニュースに比べて学習者にとっても予測しやすかったと考えられる。

　B(a)（日本語話者）「翌日米国入りします」（※会談にふれていないものはBとした）

　　(b)（学習者）　　「訪米します」

　B(a)(b)の予測は継起関係としては成立するが、ニュースの最も重要な情報である「日米首脳会談」が述べられることが予測できていない。前文脈に「アメリカを訪問し」という語句があるので、こちらに注意が行ってしまったのかもしれない。

　C(a)（日本語話者）「〇〇日に米国入りしました」（※文末が過去のものはCとした）

　　(b)（学習者）　　「アメリカを訪問する旅を始めました」

　　(c)（学習者）　　「再来月の下旬ぐらいに帰国する予定です」

　C判定の予測文は、前文脈でこれからの予定の報道であることがわかるにもかかわらず、過去のテンスにしてしまっているものがみられた。学習者によるC(c)の予測は、前文脈で「日米首脳会談」が2回もふれられているので、帰国情報のみがくると予測したのかもしれないが、ニュース文としての重要な情報が欠けている。

　D判定の予測文は、日本語話者による「会談では沖縄基地の問題や円高問題などを話し合う予定です」というものである。前文脈に「日米首脳会談」がすでに出てきているので、予測する部分ではより詳細な情報が述べられることを予想しているのだろう。しかし、これは、前文脈の「日本を発って」とのつながりに無理がある。

以上をまとめると、ニュース文2の妥当な予測には、次のような要素がかかわっているといえる。

- 前文脈を聞いて、これからの予定であること、「日米首脳会談」が重要な情報であることを理解すること
- 前件で予定を述べているので、テ形接続の用法としては継起関係である可能性が高いことを予測すること
- 前文脈で聞いた重要情報「日米首脳会談が行われること」が、官房長官の発表としてもう一度述べられることを予測すること

② ニュース文7について
　ニュース文7〔理由－結果〕
　　大和銀行ニューヨーク支店で起きた巨額の損失事件の経営責任をとって
　⇒　会長と頭取が辞任を表明しました。
　日本語話者の予測：A25　B0　C1　D0　E1
　学習者の予測　　：A5　B1　C1　D16　E4
　A（日本語話者、学習者）「トップ／幹部が辞職しました」
　B（学習者）「経営者が自殺しました」
　C（日本語話者、学習者）「大和銀行はアメリカから撤退することになりました。」
　日本語話者、学習者とも、A～Cと判定された予測は、後続部分を聞かなくても「責任をとって」は「責任をとった結果（何かをする）」の意味（「理由－結果」の関係）に解釈していた。そして、A判定の予測は、「経営責任のとり方⇒辞職」というスキーマ[2]に適合させて予測をしていた。前件に主語がないが、「経営責任をとって」から前件述語の主語は銀行のトップ・幹部であることを理解し、トップ・幹部に相当する主語を後件に入れてAの予測をしていた。予測のてがかりとして「責任をとって」の部分をあげている者が多かった。
　B判定の学習者による予測は、「経営責任をとって」から主語は経営者で、テ形接続の用法は原文と同じ「理由－結果」の関係だと解釈しているが、「経

---

2)　「スキーマ」とは人間の知識体系を表す方法の1つで、ある一定の関係に基づく概念のまとまりを表すのに用いられる。

営責任のとり方⇒辞職」というスキーマからの予測ではなかった。

　C判定の予測をした者は、日本語話者、学習者各1人ずついた。「経営責任をとって」の主語が銀行組織全体であると解釈している予測文である。この解釈もありうるが、だれに対して責任をとるのかという点でA・Bと異なっている。「経営責任をとる」は、会社や株主に対して責任をとると考えるのが一般的である。このCの予測文ではその点が不明確であり、あえていえばアメリカに対してである。

　D(a)「アメリカ政府が営業停止を大和銀行に命じました」

　　(b)「日本の銀行や日本政府に対する批判の声が高まっています。」

　　(c)「全容を調査中です」

は学習者による予測であるが、Dは「経営責任をとって」の本来の主語とは別の主語をたてて予測をしているものが多かった。Dのような予測をおこなったのは、「経営責任をとって」の意味やその主体・テ形接続の用法の理解が不十分だった可能性が考えられる。

　以上をまとめると、ニュース文7の妥当な予測には、次のような要素がかかわっているといえる。

　・前件の意味内容を理解すること

　・「経営責任をとって」の主体を理解すること

　・「経営責任をとって」は「理由－結果」を表すテ形接続の用法であると予測すること

　・「経営責任のとり方⇒辞任」というスキーマを適用して予測すること


③ニュース文3について

　ニュース文3〔手段・方法〕

　　多額の不良債権を抱えて経営難に陥っている東京の二つの信用組合を吸収するために日銀と民間の金融機関が共同で出資をして　⇒　新しい銀行を設立することになりました。

　日本語話者の予測：A 8　B 16　C 1　D 1　E 1

　学習者の予測　　：A 1　B 6　C 7　D 9　E 4

　A判定の予測文には次のようなものがあった。

A(a) （日本語話者）「新たな金融機関を設立するとの計画が発表されました。」

(b) （日本語話者）「新しい会社を設立することになりました。」

(c) （日本語話者、学習者）「救済のための機関を設立することになりました。」

(d) （日本語話者）「債券処理のための銀行が設立されることになりました。」

ニュース文3は、「吸収するために（……て）――する」という構文である。目的を表す「～ために」や意志動詞句「出資をして」の意味内容から手段・方法を表すテ形接続の用法であると予測できる[3]。そして、「吸収するため⇒その主体組織の創設」というスキーマを適用して、「――する」の部分にはその組織の創設という内容が予測されうる。A(d)は、前件・後件とも動作主体は同一だが、後件述語を受身形にしたことで前件とは別の主語を後件にたてている。主語も同一であるほうがより適格である。また、「設立される」は受身で無意志的であり、テ形接続が手段・方法を表す用法であることを考えると文法的な適格性が低くなっているが、内容面からA判定とした。

B判定の予測文には次のようなものがあった。

B(a) （日本語話者、学習者）「負債の返還にあたることとなりました。」

(b) （日本語話者、学習者）「これら経営の行き詰まった銀行のたてなおしを計ることになりました。」

(c) （日本語話者、学習者）「救済をはかることが、都議会で決まりました。」

(d) （日本語話者）「不良債券をとりあえず処理し、その後改めて事態の解決へと取り組む予定です。」

Bは、直前部分を主なてがかりにして予測をおこなったと考えられる。「共同で出資⇒負債処理、たてなおしを計る、救済」というスキーマを適用しているのだろう。しかし、「吸収するために」の部分と直接つながらない。長文であることや音声言語のため構文がつかみにくく、「吸収」ということが見すごされてしまったためと考えられる。あるいは、B(d)のように吸収の前段階として不良債券の処理などをおこなうという意味で予測をおこなっているのかもしれない。B(a)の内容を予測している者の中に、てがかりとして「このニュース

---

3)　テ形接続が手段・方法を表す場合は、通常、前件後件ともに意志動詞（句）を用いる。また、前件と後件は同一の動作主体をもつ。（遠藤1982）

は前に聞いたことがある」をあげている者がいたが、ニュース文3と同じ内容の予測につながっているわけではなかった。

C判定の予測文には、次のようなものがあった。

C(a)（日本語話者、学習者）「調査しているところです。」

(b)（学習者）「処理する」

(c)（学習者）「解決することになりそうです」

Cは、Bと同様「吸収するために」の部分と直接つながらない。「共同で出資をして調査する、処理する、解決する」という内容はありうるが、何を調査等するのか具体的な内容を表す語がそえられるはずである。

D判定の予測文には、次のようなものがあった。

D(a)（学習者）「信用組合の存立問題について話し合うことにしました」

(b)（学習者）「協議する」

(c)（学習者）「日本の経済を助け合うとしている」

(d)（日本語話者）「不正を行っていたことがわかりました。」

Dは、「共同で出資をして」のあとには「話し合う」はこないし、その他のものも内容的につながらない。

以上をまとめると、ニュース文3の妥当な予測には、次のような要素がかかわっている。

・前件の意味内容を理解すること

・目的を表す「〜ために」と意志動詞句「出資をして」の意味内容から、手段・方法を表すテ形接続であると予測すること

・「出資をして」のあとには、出資をして行う具体的な行為や出資の対象が続くことを予測すること（すなわち、後件の主語は前件の主語と同じである）

・「吸収するため⇒その主体組織の創設」というスキーマを適用して予測すること

④ニュース文5について

ニュース文5〔原因‐結果〕

　上場企業の中間決算の発表がほぼ出揃いました。また、先月株式を上場しましたJT、日本たばこ産業の中間決算も発表されました。それによりま

すと、半年間の売上は、外国たばこにおされて　⇒　<u>1兆3724億円と、去</u><u>年の中間期よりも0.5％減少し、中間期としては5年ぶりの減収となりました</u>。（しかし、経常利益のほうは、原料となります輸入葉たばこの価格が値下がりをしたため、668億円と去年の中間期よりも7.7％増益となりました。）

　日本語話者の予測：Ａ26　Ｂ0　Ｃ0　Ｄ1　Ｅ0

　学習者の予測　　：Ａ14　Ｂ1　Ｃ1　Ｄ11　Ｅ0

「減少した」「伸び悩んだ」等が書かれているものはＡ判定とした。日本語話者は、直前の「（外国たばこに）おされて」をてがかりとしてあげているものが多かった。前件述語が受身で無意志的であることから、このテ形接続は「原因－結果」の関係を表す用法である可能性が高い[4]。「売上が何かにおされる」ならその結果は「減少する」という、文化的な違いなどが影響しない論理的な関係である。意味内容・テ形接続の用法・論理的な関係から「伸び悩んだ」「低迷した」等を予測できる。さらに、予測部分の後続文の内容あるいは何か対比される内容があるということまで予測した者は、日本人のＡ26人中に14人いたのに対し、学習者は0人だった。これは「売上<u>は</u>」の「は」をてがかりとしてあげている者が多かった。テストニュース文の音調は「売上」にプロミネンスがあり、これを聞き取って対比される内容を予測した可能性もある。

　ＢＣＤ判定の予測内容には次のようなものがあった。

Ｂ　（学習者）「例年の上昇率を下回りました」

Ｃ　（学習者）「経常利益が5％低下しました」

Ｄ(a)（学習者）「良い結果がでました」

　(b)（学習者）「やや回復した」

　(c)（学習者）「上昇しました」

　(d)（学習者）「輸入の総額が前年よりふえてきました」

　(e)（学習者）「株が下がりました」

　(f)（日本語話者）「2社とも頭うち状態にあるものの、○○のほうでは、□□の影響もあってか売上の大幅な上昇がみられます。」

---

4)　テ形接続が因果関係を表す場合は、前件後件ともに無意志動詞（句）が使われることが多い。（遠藤1982）

D(a)〜(c)は逆の内容を予測している。また、CとD(d)(e)は、前件とは別の主語をたてて後件を予測している。しかし、前件「半年間の売上は、外国たばこにおされて」はニュース文として意味内容が完結しているとはいえず、後件にも売上に関する内容が続く可能性が高く、後件の主語は前件の主語と同じであろうと予測できる。D(f)は「頭うち」という予測は妥当であるが、「2社」が不適切であり（「JT」と「日本たばこ産業」を別会社と理解したのかもしれない）、また予測文の前半と後半の内容が矛盾している。

　以上をまとめると、ニュース文5の妥当な予測には、次のような要素がかかわっているといえる。

　・前件の意味内容を理解すること
　・前件述語が受身で無意志的であることから、「原因－結果」の関係を表すテ形接続の用法であると予測すること
　・前件と後件の主語が同じであることを予測すること
　・「売上が（外国たばこに）おされる⇒（売上が）減少する」という論理的な関係のスキーマに適合させて予測すること

⑤ニュース文4について
　ニュース文4〔手段・方法〕
　　石油連盟は自民党に対して年内に5000万円の政治献金を出すことを決めました。これは、石油連盟の建内会長が記者会見で明らかにしたもので、建内会長は、石油製品に対する税金をこれ以上上げないためにも政治献金を出して　⇒　<u>業界が政治力を持つことは必要だと述べました。</u>
　日本語話者の予測：A 4　B 8　C 7　D 3　E 5
　学習者の予測　　：A 2　B 1　C 7　D 10　E 7
　ニュース文4の平均点は日本語話者が3.1、学習者が2.3と、それぞれ今回のニュース文の中で最も低かった。「政治献金を出して⇒政治力をもつ」という原文であるが、後件に「依頼する」といった内容やもっと具体的な内容を予測したものが多かった。

　A判定の予測には、次のようなものがあった。「政治に対して強い力を持つ」という内容に関連のあるものはAとした。

A(a)（日本語話者）「自民党に働きかけることが必要だとしています」など

　(b)（学習者）　　「与党に圧力をかけます」など

　Bの予測には、次のようなものがあった。「依頼する」という内容のものはBとした。

B(a)（日本語話者）「業界の事情について理解を求めます」

　(b)（日本語話者）「意見を表明する必要があります」

　(c)（日本語話者）「国会で話し合ってもらいます」

　(d)（日本語話者）「その値上がり防止に効果的に用います」

　(e)（学習者）　　「便宜を計ってもらいます」

　B判定の予測は、「政治力を持つ」に比べてやや具体的な内容で原文と異なるが、前件とのつながりが成立するのでBとした。

　C判定の予測には、次のようなものがあった。石油製品に対する税金の問題に特化した予測であるが、「政治力（を持って／を使って）」という内容に全くふれられていない。

C(a)（日本語話者）「価格の上昇をおさえます」

　(b)（日本語話者）「石油会社の負担を軽くします」

　(c)（学習者）　　「石油価格の安定化を図ります」

　(d)（学習者）　　「解決します」

　D判定の予測には、次のようなものがあった。内容的に前件と後件のつながりに無理があるものであった。

D(a)（日本語話者）「国民の負担を軽減します」

　(b)（日本語話者）「自民党の減税政策を支持します」など

　(c)（学習者）　　「石油税にまわします」

　(d)（学習者）　　「石油連盟がこれ以上石油税を上げない」など

　以上をまとめると、ニュース文4の妥当な予測には、次のような要素がかかわっているといえる。

・前件の意味内容を理解すること

・目的を表す「〜ためにも」と意志動詞句「政治献金を出して」の意味内容から、手段・方法を表すテ形接続であると予測すること

・「石油製品に対する税金をこれ以上上げないために」すべきことは何かを、

「政治献金を出す⇒政治力を持つ」というスキーマを適用して予測すること

## 5. まとめ

　ニュース文におけるテ形接続の後続部分を適切に予測するためには、次のような条件が必要であり、日本語話者はこれらの条件を満たしてかなりの確度で予測をおこなっていることがわかった。

　○言語知識に関して、

　　・前件部分の意味内容を理解すること

　　・前件に主語がない場合、それを理解すること

　　・先行文脈や前件の内容、前件述語の性格（意志的か無意志的か）から、テ形接続の用法を予測すること

　○言語外知識に関して、

　　・どのような事柄がニュースとして報道されうるのかを知っていること

　　・関連のあるスキーマをもち、それに適合させて後続部分の内容を予測すること

　さらに、個々のニュースについての具体的な知識をもっている場合は、それを活用して予測をおこなうこともあるだろう。

　予測能力というのは、言語内、言語外のさまざまな知識・能力が複雑に関連し合った総合的な能力である。予測能力にかかわる要素を分析し、学習者に対し個々の要素についての指導をていねいに重ねていけば、総合的な能力として予測能力を向上させることができるだろう。そして、予測能力の活用により聴解力の伸長をはかることができると考えられる。

**【資料】調査に用いたニュース文と予測回答の内容（抜粋）**

　予測の回答文はテ形接続の直接的な後件部分のみを示しその範囲外の文末は省略したものがある。表記の誤りは正し、内容は要約したものもある。〔　　〕内はテ形接続の用法で、⇒以下の下線部を予測させた。

ニュース文1 〔継起関係〕この工芸展は日本に古くから伝わる工芸技術を生

かしながら現代の暮らしに即した新しい作品を作りだそうと文化庁などが毎年開いているものです。会場には全国各地から寄せられた2100点の作品の中から700点が選ばれて　⇒　<u>展示されています</u>。

**日本語話者の予測**

評価A「展示されている」(22人)

　　　B「見に来た人々の目を楽しませている」(1)

　　　C「多くの人々が作品に見入っていた」(1)「優秀賞を受けた」(2)

　　　D「11月末までこの展示会は浅草で開催される予定」(1)

**学習者の予測**

評価A「展示されている・展示された」(19)

　　　B「集められてきた」(1)

　　　C (0)

　　　D「これらはすぐれた作品だ」(1)　「国民にいい作品をみせられてよい」
　　　　(1)「行われていく」(1)「行った調査だ」(1) など

**ニュース文2** 〔継起関係〕本文「4. 結果と考察」参照

**ニュース文3** 〔手段・方法〕本文「4. 結果と考察」参照

**ニュース文4** 〔手段・方法〕本文「4. 結果と考察」参照

**ニュース文5** 〔原因－結果〕本文「4. 結果と考察」参照

**ニュース文6** 〔原因－結果〕平成8年に東京湾の臨海副都心で開かれる世界都市博覧会は不況で企業からの協力金などが十分に集まらないうえ、経費が増えて、⇒　<u>およそ200億円の予算が不足する見通しが強まり、東京都がその分を追加して負担する方針を固めました</u>。

**日本語話者の予測**

評価A「予算が不足する見通しである」(13)

　　　B「中止される見通しである・中止されることになった」(6)
　　　　「開催には困難がともなう」(7)

　　　C (0)

　　　D「企業を圧迫している」(1)

**学習者の予測**

評価A「赤字になる見通しである」(3)

「都の予算のやりくりが難しくなる」（1）

B「中止することになった」（7）「難航している」（10）

C「これから東京湾の副都心の決定はもっと難しくなりそうだ」（1）など

D「日本の企業に就職するケースが増える」（1）

「企業の環境問題が増える」（1）など

**ニュース文7**〔理由－結果〕本文「4. 結果と考察」参照

**ニュース文8**〔継起関係〕今年の5月東京都庁で郵便物が爆発した事件で警視庁はすでに地下鉄サリン事件などで起訴されているオウム真理教幹部の豊田亨被告を殺人未遂などの疑いで再逮捕しました。警視庁の調べによりますと豊田被告は昨夜逮捕された教団幹部の富永まさひろ容疑者らと共謀して今年5月東京都の青島知事や青島知事の家族を殺害する目的で郵便物に爆弾をしかけて　⇒　<u>郵送したとして殺人未遂などの疑いがもたれています。</u>

**日本語話者の予測**

評価A「都庁の青島知事あてに送った疑いがもたれている」（11）

B「殺害をはかったとされている」（7）

「郵便物を爆発させた疑いをもたれている」（1）

「爆破させ、職員にけがを負わせた」（1）

「（爆弾をしかけて）いた疑いが持たれている・（爆弾をしかけて）いたことが明らかになった）」（5）など

C（0）

D（0）

**学習者の予測**

評価A「都庁に送ったことがわかった」（13）

B「やったと認めた」（2）「職員を負傷させた」（1）

「（爆弾をしかけて）いたことが明らかになった」（3）

C「被害者を殺したという犯行が明らかになった」（1）

D「豊田被告に警察関係者を殺害する意志があった」（1）など

付記：本研究は、平成8年度科研費（一般研究B［06451159］代表：平田悦郎）の
　　　補助を得ておこなわれたものである。

第2章

# 指示語「ソンナ」と「ソウイウ」について

### 要旨

「ソンナ」(「こんな・そんな・あんな」の3語)と「ソウイウ」(「こういう・そういう・ああいう」の3語)は、相互に置き換えられる場合と置き換えられない場合とがある。どのような文脈の中で置き換えられないのか、置き換えられる場合は、置き換えるとどのような違いが出てくるのかを見ることによって、「ソンナ」と「ソウイウ」の違いを、両語を用いる際の話者の心的な側面から考察した。そして、「ソンナ」は、指示対象物のとらえ方が全体的・感覚的であり、「ソウイウ」は、指示対象物のとらえ方が分析的・客観的であるという結果を得た。このような違いは、両語の語源とも関係があると思われる。また、会話や文章の話題・内容の違いによって、両語の頻度に差が見られるのは、このような両語の違いによるものであると考えられる。さらに、「ソンナ」が指示対象物を全体的・感覚的にとらえるということが、「ソンナ」の〈話者の主観を表しやすい性格〉や〈程度を表す用法〉とどのように関連しているかにも言及する。

【キーワード】指示語　ソンナ　ソウイウ　属性　程度

## 1. はじめに

　指示語のうち、「ソンナ」や「ソウイウ」は、名詞にかかって名詞の表すものの属性を表す。同じく名詞にかかる指示語でも、「ソノ」(「この・その・あの」の3語)は指し示すはたらきだけをもち、属性を表すはたらきはない (高橋1990)。この点で、「ソンナ」「ソウイウ」と「ソノ」とは明確に区別される。では、「ソンナ」と「ソウイウ」の違いはどうだろう。次に、先行研究を見てみる。

### 1.1　先行研究

　森田 (1980) では、「ソンナ」は「対象を見下し軽視する態度が強い」のに対

し、「ソウイウ」は「丁重で、対象を尊重する気持ちが強い」としている。

金水・木村・田窪（1989）では、「ソンナ」は「対象の性質・特徴に対する強い感情的な評価」を伴ったり、否定の述語と組み合わさって「強い否定の気持ち」を伴うとしている。

徳川・宮島（1972）では、「『こんな』と『こういう』とをくらべると、『こういう』が客観的に類似のものとの比較をのべているのに対し、「こんな」はやや価値的な判断が加わっているという傾向がありそうである」としている。

岡部（1995）では、「コンナ類」と「コウイウ類」が相互に置き換えられない場合を紹介し、分析をおこなっている。すなわち、

・「コンナ類には名詞句から抽出される属性の程度を表し修飾する用法がある」として「圭子に ¦こんな／？こういう¦ ひどい気持ちがわかるだろうか」という例をあげている。

・「小樽の冬は長い。しかし、¦そんな／？そういう¦ 街にも、春がやってきた。」などのように、場所・時間を表す名詞にかかる場合に「その場所、時間が特定的であることが明らかな場合」はコウイウ類を使うことができない。

・（見知らぬ人が部屋を出ていくのを見て）
「ちょっと、今の人 ¦どういう／？どんな¦ 人。」
「妹だよ。」
のように、「どんな人」「どういう人」の問いに対する応答で、「その場面に存在することの理由や、間接的にその理由を示すことになるその場面の中心人物との関係を示す身分を答えなくてはならない」ときは「どんな人」は使えない。

・「どうもおかしいと思ったんだ。俺の派閥に入るのを断るなんて普通じゃないからな。」「¦どういう／？どんな¦ ことでしょうか」や、「どういう意味だ」「どういうつもり」「どういう気かしら」のように、「こと」「意味」「つもり」「気」などの名詞にかかって述部に用いられた場合、ある事態や発言についての説明を要求したり、指示・照応したりするときはコウイウ類が使われる。

としている。

## 1.2 本稿のねらい

　本稿では、先行研究で指摘されたそれぞれの語の用法の根底にあると思われる違いについて考察し、より一般化して記述できるような説明を試みたい。ここでは、「ソンナ」あるいは「ソウイウ」を用いるときの話者の心的なとらえ方の違い——それぞれの語を用いるとき、話者は指示対象物をどのようにとらえ指し示しているかについて、用例を用いて検証していく。

## 2. 「ソンナ」と「ソウイウ」の違いの検討

　まず、ソ系を中心に用例を見ていく。

　1 )（相手の着ているシャツを見て）そんなはでなシャツ、持ってたっけ？（出典
　　のないものは作例、以下同）

　2 )（相手の着ているシャツを見て）そんなはでなシャツ、どこで買ったんだ？

　1 ) 2 ) のような現場指示の用法の場合、「そういうはでなシャツ、持ってたっけ？」「そういうはでなシャツ、どこで買ったんだ？」というふうに置き換えるとやや不自然さが伴う。しかし、次の3 ) 4 ) のような文脈指示の用法では、「そういう」に置き換えても1 ) 2 ) ほど不自然ではない。

　3 )「このシャツは地味すぎて目立たないから、今度は原色の大きな柄のあ
　　るはでなシャツを着て来いって言われた。」

　　「{そんな／そういう}　はでなシャツ、持ってたっけ？」

　4 )「登山のときは、よく目立つようなはでなシャツを着たほうがいいらし
　　いよ。」

　　「{そんな／そういう}　はでなシャツ、持ってたっけ？」

　3 ) 4 ) の「そんな」を「そういう」に置き換えた場合と1 ) とを比較してみると、1 ) の「そんな」は視覚でとらえた感じを「そんなはでなシャツ」と言っているのに対し、3 ) 4 ) の「そういう」は知的な判断のプロセスを経たあと、「そういうはでなシャツ」と言っているように思われる。3 ) 4 ) で「そんな」を使った場合は、「原色」「大きな柄」「目立つ」などの「シャツがはでである」ことの要因を整理してとらえているというよりも、全体的・視覚的に

とらえて「はでなシャツ」と言っているといえる。相手が言ったようなシャツをイメージとして視覚的に思い浮かべ、見た目で全体的にとらえている。次に、「そういう」を現場指示で用いた例を検討してみる。

5 ）「（相手の着ているシャツを見て）そういうはでなシャツは、着ていかないほうがいいよ。」

5 ）が用いられる典型的な場面を考えてみると、たとえば、葬式であるとか、墓参りであるとか、具体的な状況があって、そのような状況と照らし合わせて考え判断した結果、5 ）のように言っている、というように解釈される。次の6 ）は文脈指示の用法であるが、「そんな」を使うとやや不自然さが伴う例である。

6 ）「語義が細かく分かれていて、必ず例文が出ているような詳しい辞書を使いなさいと言われたんだけど、そういう詳しい辞書、何か知ってる？」

6 ）では、「そういう詳しい辞書」とはどういう辞書なのか、話し手が具体的に説明できる。話し手の頭の中で、「詳しい」という属性の要因が具体的に整理されていて、分化しているといってもよい。

1 ）4 ）5 ）6 ）の用例に関して、「そんな」を使うか「そういう」を使うかの傾向を見るために、アンケート調査をおこなった。質問紙は、次のとおりである。

---

｜　　｜内のどちらの語を選びたくなりますか。

1 ）（相手の着ているシャツを見て）

　「｜　そんな　　そういう　｜はでなシャツ、持ってたっけ？」

4 ）「登山のときは、よく目立つようなはでなシャツを着たほうがいいらしいよ。」

　「｜　そんな　　そういう　｜はでなシャツ、持ってたっけ？」

5 ）（墓参りに行くという相手に）

　「｜　そんな　　そういう　｜はでなシャツは、着ていかないほうがいいよ。」

6 ）「語義が細かく分かれていて、必ず例文が出ているような詳しい辞書を使いなさいと言われたんだけど、｜　そんな　そういう　｜詳しい辞書、何か知ってる？」

---

表1　アンケートの結果（大学院生を中心に23人に対して行った。）

|  | 1）〈注〉 | 4） | 5） | 6） |
|---|---|---|---|---|
| そんな | 20人 | 12人 | 14人 | 4人 |
| そういう | 2人 | 11人 | 9人 | 19人 |

〈注〉1）は、「そういう」を選んだが、相手が家族であれば「そんな」を選ぶ、とした回答者が1人いた。この1人は、表1の人数に含めなかった。

　1）は「そんな」を選ぶ人が多く、6）は「そういう」を選ぶ人が多かった。4）と5）は、大きなかたよりが見られなかった。4）5）は、話者が全体的・感覚的に傾いているか、客観的判断のほうに傾いているかによって、「そんな」でも「そういう」でも文脈上不自然にならないからであろう。以上のような考察をもとに、「ソンナ」と「ソウイウ」の違いについて、基本的・典型的には次のようにまとめられる。

　　「ソンナ」は、指示対象物のとらえ方が全体的、感覚的である。「ソンナ」が表す属性の要因が話者の頭の中で整理されておらず、未分化である。「ソウイウ」は、指示対象物のとらえ方が分析的で、知的な判断の結果「ソウイウ」を含む文が産出され、客観的ともいえる。「ソウイウ」が表す属性の要因が話者の頭の中で整理されている、分化している。

## 3. 「ソンナ」「ソウイウ」の用例

　次に、上で述べた「ソンナ」「ソウイウ」の指示対象物のとらえ方を、用例で確認していく。7）～12）は「そんな」が使われた用例である。7）は「そういう」に置き換えられないか、置き換えるとかなり不自然になる例、8）はニュアンスは変わるかもしれないが不自然にはならない例である。

　7）K：そうですか。嫉妬深くないですか。

　　　A：嫉妬ですかあ。

　　　K：ええ。でも、たとえば、付き合っている男性が違う女性とあらぬホテルからこうね……。

　　　A：｛そーんな／＊そういう｝もん、嫉妬どころか、それで終わりですよ。

　　　　　　　　　　　　　　（おしゃべり）（＊は、不適格な文であることを表す。）

8）修一「でも、そうなったら、今度は感情がぎっしりつまった生活だろう。
　　　　　愛してるとか愛していないとか、冷たいとか、冷たくないとか、そ
　　　　　んな計りが一杯あって、返事をしなかったぐらいでも愛情が問題に
　　　　　なったり、そんな面倒な世界へ入って行くのが、怖いんだ」
　　　良雄「そんな面倒くさいかな？」
　　　修一「いいときはいいさ。しかし、｜そんな／そういう｜　もんは長続き
　　　　　しやしない。また手首切るとかなんとか」（ふぞろい）

　次の9）は「そういう」に置き換えられないか、置き換えるとかなり不自然
になる例、10）はニュアンスは変わるかもしれないが不自然にはならない例で
ある。

9）「ネオ・ドレスデンが消滅したんだ。惑星が一つ消えてしまったんだ。
　　　何がおこったのかわからないよ……」
　　　「じゃあ、マミとパパは……」
　　　「……一緒だったんだよ。ネオ・ドレスデンで……」
　シンヤの言葉に、私は、嘘よ、｜そんな／＊そういう｜　ことないと悲鳴を
あげた。（占王星）

10）出来あがつた料理に絵具その他でいろいろと細工をしてから撮影する。
　　　……何しろ、刺身の場合には刷毛で天ぷら油を塗るのが秘伝だといふから、
　　　これぢやあ食指が動きませんよ。
　　　　つまり、どんな名人上手の作つた料理だつて、かういふややこしい操作
　　　をほどこさなければ、うまさうな写真にならないのださうで、ところが綜
　　　合雑誌のカメラマンは　｜そんな／そういう｜　ことをしないでリアリズムで
　　　ゆくからわれわれの食欲をいつこう刺激しない色刷り写真になるのだとい
　　　ふ。（男の）

　次も同様で、11）は「そういう」に置き換えるとかなり不自然になり、12）
はニュアンスは変わるかもしれないが不自然にはならない例である。

11）「いやあ！　お父つたん、すつかりおめかしをして、えへ、いよいよお出
　　　ましだな」

「お出ましだって言いやがら、おとっつぁん、どこへ行くのか知ってんのか」

　「知ってらあい。天神様おまいりに行くんだろ」

　「｛そんな／＊そういう｝所ィ行くんじゃねえやい。お父っつぁん、これから灸すえに行くんだ」（初天神）

12）「〔野井戸に落ちて〕そのまま首の骨でも折ってあっさり死んじゃえばいいけれど、……まわりにはムカデやらクモやらがうようよいるし、そこで死んでいった人たちの白骨があたり一面にちらばっているし、暗くてじめじめしていて。そして上の方には光の円がまるで冬の月みたいに小さく小さく浮かんでいるの。｛そんな／そういう｝ところで一人ぼっちでじわじわと死んでいくの」（ノル）


　7）～12）の例について考えてみると、「そんな」を「そういう」に置き換えられないというのは、「そんな＋名詞」で表されるものごとを頭ごなしに拒否・否定している場合である。考えるまでもなくあるわけがない、だめだ、というケースである。「そういう」は、分析的・説明的で知的な判断の結果「そういう」を含む文が産出されるので、問答無用で否定・拒否する場合に「そういう」を使うと不自然になる。

　次は、拒否や否定を表すのではないが「そういう」に置き換えられない例である。

13）〔耕一と良雄は兄弟。耕一の嫁（妻）は病気で入院している。母が耕一に嫁の話をしたあと出ていき、良雄が入ってくる。〕

　良雄「〔母の話は〕義姉さんと離婚しろってことでしょう？」

　耕一「ああ」

　良雄「そんなことよくいえるな」

　耕一「ま、俺が勝手に見つけて、嫁さんにした女だしな」

　良雄「｛そんな／＊そういう｝の当たり前じゃない」（ふぞろい）


　13）は、考えてみるまでもなく「当たり前」と話者がとらえている文脈である。これに「そういう」を用いると、「当たり前」とする理由を分析的・説明

的にとらえ、冷静な判断のうえで言っているというニュアンスになり13）の文脈に合わなくなる。14）〜16）は、もともと「そういう」が使われた用例である。

14）男　：はあ。お父さん、七十二歳でらっしゃるんですか。

　　老人：昔はもっと若かったがな。

　　男　：当たり前ですよ。

　　老人：それそれ、｛そんな／そういう｝生真面目なとこがウィットに欠けとるというんじゃ。（らも咄）

14）は、「そういう」の前で「それそれ」と、一点を限定・強調するかたちで相手の発話内容を指し示している。「それそれ」のあとには、全体的・感覚的な「そんな」よりも「そういう」を使ったほうが、限定的・明確に一点を指摘するという話者の意図にあったものになっている。

15）「学生さんかと思ってたわ」

　　「｛＊そんな／そういう｝ことにしてあるのよ。ね、黙ってて、私がモデルだってこと」（女社長）

15）の「そういうことにしてある」は「学生ということにしてある」である。指し示す内容がだいたいこうであるというように漠然としているのではなく、具体的・明確で、冷静に述べている文脈である。

16）〔結婚式の引き出物について話し合っている〕

　　「ついでに、グラスだとか、置き時計だとか、食器類なんかだと、大抵のおうちにはもうすでに一式そろってるじゃない。｛そんな／そういう｝意味でも、スプーンはいいわよ。あらたに二個やそこらふえたって、たいして場所とらないし、邪魔じゃないし」（正彦）

16）では、話者は引き出物にスプーンがよいということを分析的・説明的にのべ、相手を説得しようとしている。指し示す内容が「グラスだとか、〜そろってる」というように具体的である。具体的で明確な内容を指し示して相手を説得する理由としたいときには、「ソンナ」よりも「ソウイウ」を使うほうが話

者の意図に合っている。

　以上のような用例について見たところ、**2**.の最後で示した、

　　　「ソンナ」は、指示対象物のとらえ方が全体的、感覚的である。「ソンナ」
　　　が表す属性の要因が話者の頭の中で整理されておらず、未分化である。「ソ
　　　ウイウ」は、指示対象物のとらえ方が分析的で、知的な判断の結果「ソウ
　　　イウ」を含む文が産出され、客観的ともいえる。「ソウイウ」が表す属性
　　　の要因が話者の頭の中で整理されている、分化している。

という説明は妥当なものであるといえるだろう。

　このような「ソンナ」と「ソウイウ」の違いは、「ソンナ」は日常的な内容
で感情を表出しやすい会話や文章で用いられ、「ソウイウ」は客観的・論理的
な内容の会話や文章で用いられるという差にも反映されている（表2参照）。ま
た、語源の差が、このような違いに反映されているとも考えられる。「ソンナ」
は「ソノヨウナ」で「ようす」という語源をもち（大槻1982、佐久間1983）、感覚的、
全体的なとらえ方につながる。一方「ソウイウ」は「言う」で言語で述べると
いう語源をもち、分析的、説明的なとらえ方につながるといえる。


## 4．会話・文章別「ソンナ」「ソウイウ」等の使用頻度

　ここでは、会話・文章の内容別に、「ソンナ」「ソウイウ」等の使用頻度を調
べた。**2**.と**3**.で見た「ソンナ」と「ソウイウ」の違いにより、発話の場や
内容の性質によってそれぞれの語の使用状況は異なると予想される。つまり、
「話しことば」か「書きことば」か、くだけた場かあらたまった場か、日常的
な内容かかたい内容かによって、各語の使用頻度が左右されると予想される。
ここでは、内容の違いに重点をおいて、次の3種類の文章を選んだ。

　①映画のシナリオ3つ　　日常的な内容の会話が中心（話しことば）

　②対談2つ　参加者計5人　アカデミックな内容のもの（話しことば）

　③朝日新聞社説　平成7年6月、11月、12月のもの58日分　論説（書きことば）

また、参考までに、「ソウシタ」（こうした・そうした・ああした）、「ソノヨウナ」
（このような・そのような・あのような）、「ソウイッタ」（こういった・そういった・ああ
いった）の使用頻度調査も加えた。

表2　会話・文章の内容別「ソンナ」「ソウイウ」等の使用頻度（用例出典は本書末参照）

| | ①シナリオ：<br>日常的な内容の会話 | | | ②対談：<br>アカデミックな内容 | | | ③社説：論説 | | |
|---|---|---|---|---|---|---|---|---|---|
| | 回数 | ％ | ％ | 回数 | ％ | ％ | 回数 | ％ | ％ |
| こんな | 26 | 24.8 | | 2 | 1.2 | | 14 | 8.8 | |
| そんな | 50 | 47.6 | 86.7 | 15 | 8.9 | 10.7 | 41 | 25.6 | 34.4 |
| あんな | 15 | 14.3 | | 1 | 0.6 | | 0 | 0 | |
| こういう | 3 | 2.9 | | 9 | 5.3 | | 2 | 1.3 | |
| そういう | 10 | 9.5 | 13.3 | 132 | 78.1 | 84.0 | 9 | 5.6 | 6.9 |
| ああいう | 1 | 0.9 | | 1 | 0.6 | | 0 | 0 | |
| こうした | 0 | 0 | | 0 | 0 | | 50 | 31.2 | |
| そうした | 0 | 0 | 0 | 2 | 1.2 | 1.2 | 28 | 17.5 | 48.7 |
| ああした | 0 | 0 | | 0 | 0 | | 0 | 0 | |
| このような | 0 | 0 | | 0 | 0 | | 11 | 6.9 | |
| そのような | 0 | 0 | 0 | 2 | 1.2 | 1.2 | 5 | 3.1 | 10.0 |
| あのような | 0 | 0 | | 0 | 0 | | 0 | 0 | |
| こういった | 0 | 0 | | 1 | 0.6 | | 0 | 0 | |
| そういった | 0 | 0 | 0 | 4 | 2.3 | 2.9 | 0 | 0 | 0 |
| ああいった | 0 | 0 | | 0 | 0 | | 0 | 0 | |
| 合計 | 105 | 100 | 100 | 169 | 100 | 100 | 160 | 100 | 100 |

表2について

① ［シナリオ］で使用率が最も高かったのは、「そんな」「こんな」「あんな」の3語だった。この3語の中では、この順に使用率が高かった。対談、社説と比べても、「そんな」「こんな」「あんな」の使用率はシナリオがいちばん高かった。日常のくだけた会話では感情を表出しやすく、そのような場では「ソンナ」の使用率が高いと考えられる。

② ［対談］で最も使用率が高かったのは「そういう」で、調査した15語の使用回数169回のうち132回78.1％が「そういう」だった。次に高かったのは、「そんな」の8.9％だった。シナリオ、社説と比べても、「そういう」の使用率は対談がいちばん高く、客観的・論理的な立場で何かを述べるような場では「ソウイウ」が多く使われると考えられる。同じソ系でも「そうした」「その

ような」「そういった」が少ないのは、話しことばとしてはあらたまりすぎているということかもしれない。

③ ［社説］で最も使用率が高かったのは「こうした」で31.2％、次に高かったのは「そんな」で25.6％、3番めに高かったのは「そうした」で17.5％だった。ソ系が51.9％、コ系が48.1％、ア系は0％だった。ソ系とコ系がほぼ半分ずつ使われ、ソ系の場合は「そんな」の使用率が高かった。「そんな」は次の17）のように、批判的な意見や感情を述べる部分で用いられるものが多かった。

17）社会党も新党も、どうなってもいい。何といっても大事なのは、政権の安泰だ。村山富市首相が、よもやそんな気持ちでいるわけではないだろう。

（朝日95.12.16）

## 5.　「ソンナ」の付加的な意味・用法
### 5.1　「ソンナ」が表す話者の主観

　森田（1980）は、「ソンナ」が対象を見下し軽視する態度が強いのに対し、「ソウイウ」は丁重で、対象を尊重する気持ちが強い、と述べている。拒否・非難・軽視・意外・たいしたことではない、など話者の主観が表される「ソンナ」の用例も多い。

18）「……それからママ、このまえのバトル・スーツは完成させたよ」
　　「あっ。そう あんなの身につけるつもりはないわ。シンヤの思いやりの気持ちだけは、いただいておくつもり。（占王星）

19）さくら「リリーさんがね、今でもお兄ちゃんが好きだって……」
　　博　　「へえー、そんなこと言ったのか」
　　さくら「どうせ冗談だろうけどさ」（男は・忘れ）

20）リリー「ごめんなさいね、私何度も電話しようと思ったり、訪ねていこうと思ったんだけどつい……」
　　さくら「いいのよ、そんなこと」（男は・恋）

21）〔とらやの店内で〕
　　リリー「そうか、寅さんにはこんないい家があるものね。私とは違うものね。幸せでしょうね。」（男は・忘れ）

21) は、話者のいじけた気持ちが表されている。2.と3.で見たように、「ソンナ」は指示対象物のとらえ方が全体的、感覚的であり、属性の要因が話者の頭の中で整理されておらず、未分化である。このような「ソンナ」の対象物へのとらえ方が要因となって、感情・評価を表す状況・文脈で「ソンナ」が使われることが多いのだと考えられる。そういった状況・文脈で使われるうちに、「ソンナ」自体がそういった付加的な語感をもつようになったと考えることができる。西尾（1989）では、語感を形成する要因のうちの1つに「その語がよく使われる状況・文脈」を挙げている。

## 5.2　程度を表す「ソンナ」

　程度を表す「ソンナ」に関連する先行研究には、川口（1984）の「比較」「強い度合いの表現」と呼ばれるものがある。ここでは日西英の対照研究で、英語の最上級や同等比較による表現が日本語の「ソンナ」に訳されている例をとりあげている。また、1.1で述べたように岡部（1995）でも「ソンナ」が程度を表すことを指摘している。5.2では、2.と3.で見た「ソンナ」の対象に対するとらえ方の特徴と、程度を表す用法との関連を考える。「ソンナ」が程度を表すことがわかる用例に次のようなものがある。

22)〔健一は、自分がじゃまものだと家族に思われていると考えている。〕
　　陽子「そうよ、〔家族に〕電話かけりゃあいいじゃない」
　　健一「（苦笑して）迷惑そうなんだ」
　　陽子「親が子供の電話を？」
　　健一「だから、向こうはね、俺がいなけりゃ、とてもいいわけよ。……」
　　陽子「（苦笑）」
　　健一「うん？」
　　陽子「なんか、ひがんでて、子供みたい」
　　健一「ほんとなんだって」
　　陽子「そんな嫌な人？　親が口をききたくないほど」（ふぞろい）

　22) の最終行の「そんな」は、数行前で話していた「親が健一の電話に対し

36

て迷惑そうにしている」という内容を指しているともとれるし、はっきりした対象が文脈中にないとも考えられる。そして、そのあとで「親が口をききたくないほど」と程度を表す形で「そんな」が表すものを補足している。この「そんな」は程度も表していると考えることができる。22）の「そんな」を「そういう」に置き換えると、次のようにかなり不自然な文になる。

　23）陽子「＊そういう嫌な人？　親が口をききたくないほど」

　これは、22）の「そんな」が程度を表す度合いが大きく、「そういう」に置き換えるとその意味機能が失われてしまうからだと考えられる。次の24）も「そんな」が程度を表している例である。

　24）「〔ロイヤルゼリーの瓶を見て〕これには、公正取引のマークがついてない」

　　　「でも、西武デパートで売ってるものだから、｜そんな／＊そういう｜　インチキなものじゃないでしょ」（著者採集）

　24）の「そんな」が指し示すものは現場あるいは文脈中に存在しない。「それほど」と類義となり「一般的に考えられるほど」という意味か、程度の甚だしさを示している。「そういう」に置き換えるためには、「そういう」の照応先、より具体的な内容を表す照応先が必要である。

　「こんな」「あんな」にも程度を表す用法があることは同じである。しかし、24）のように「こんな」「あんな」が指し示すものが現場あるいは文脈中に存在しない用例はなかった。そういう例を作ろうとしてもうまくいかない。「こんな」「あんな」は、文脈指示でも現場指示でも、指し示す具体的な対象が必ずなくてはならない。

　「ソンナ」の対象に対するとらえ方と程度を表す用法との関連を、次の例で考えてみよう。25）は、「そんな」が使われたものである。

　25）「ほしいかあ，さあ，掛け合いがむずかしくなってきてな。おそばを売ってお代をもらっちゃあ失礼かね。｜そんな／そういう｜ばかなことァねえよな、おとっつぁんそう言ったもの。……」（石返し）

25）では、「そんな」も「そういう」も「おそばを売ってお代をもらうと失礼になるということ」を指す点では同じである。しかし、「そんな」は「程度」も同時に表しており、「そういう」に置き換えると「程度」を表す機能が失われて、ニュアンスが変わってしまう。全体的・感覚的なとらえ方である「そんな」によって、「おそばを売ってお代をもらうと失礼になる」のは考えてみるまでもなくばかなことであり、ありえないことだと否定し、そのことが非常にばかなことだということにつながる。こうして、「そんな」が程度の甚だしさを表すことになると考えられる。

## 6.「ソンナ」の品詞性

「ソンナ」は品詞としては連体詞とされるが、述語にもなりナ形容詞的活用をもっている。「そんなだ、そんなじゃない、そんなだった、そんなじゃなかった、そんなに、そんなで……」のように活用することを考えると、連体詞とは言えなくなる。一方、「ソウイウ」にはこのような活用がなく、連体詞であることに異論はない。（「ソウイッタ」は別の語と考えるか、あるいは同じ語の活用した形と考えたとしても、連体詞であることは同じである。）

「ソンナ」が程度を表すということは、「ソンナ」が副詞的に用いられ、「ソンナ＋形容詞＋名詞」の形容詞にかかっていることになる。「ソンナ（ダ）」の中止形「ソンナニ」の「ニ」が落ちたものだと考えれば、「ソンナ」の活用の中で説明がつく。「ソウイウ」に程度を表す用法がないのは、連体詞であり、形容詞ではなく名詞にかかる品詞だからである。

## 7. まとめ

「ソンナ」は指示対象物のとらえ方が全体的・感覚的であり、「ソウイウ」は指示対象物のとらえ方が分析的で、知的な判断のプロセスの結果「そういう」を含む文が産出され客観的であるということを、用例を使って見てきた。「ソンナ」「ソウイウ」の両方が使える場合は、話者の対象物に対するとらえ方が全体的・感覚的か、分析的・客観的かのどちらに傾いているかが選択の要因になっているということができる。このような違いは、両グループの語の語源とも関係があると考えられることも述べた。また、会話や文章の話題・内容の違

いによって、両グループの語に頻度の差が見られるのは、このような違いが関係しているからであろう。さらに、このような「ソンナ」の指示対象物のとらえ方と、「ソンナ」の程度を表す用法や、話者の主観を表しやすい性格との関連について言及した。

第3章

# 指示形容詞と名詞とのかかわり

**要旨**

　指示形容詞ソノ（この・その・あの　以下同）、ソンナ、ソウイウ、ソウシタ、ソ
ウイッタ、指示形容詞と似たはたらきをするソノヨウナが、どのような関係で
名詞にかかっているのかを調べた。その結果、属性づけ・内容づけ・特殊化・
間接的なかかわりのタイプが見出された。また、数は少ないが具体化のかかわ
りになっているものもあった。さらに、指示形容詞と名詞のかかわりを、高橋
（1979）の連体動詞句と名詞のかかわりの場合と比較すると、前者には「関係づ
けのかかわり」がないことがわかった。

**【キーワード】**指示形容詞　ソンナ　ソウイウ　ソウシタ　ソウイッタ　ソノヨウナ

## 1.　はじめに

　指示語（コソア）のうち、名詞にかかるものには、ソノ（この、その、あの）の
きめつけ詞[1]のほかに、ソンナ・ソウイウ・ソウシタ・ソウイッタの4種類の
形容詞がある。形容詞であるというのは、名詞にかかって文中での機能として
は規定語[2]になること、また、意味的には、指し示すという指示語のはたらき
をするとともに、属性やもの・ことがらを表して、ある一定の関係で名詞とか
かわっていることによる。そして、指示形容詞と名詞との意味的なかかわり方
には、いくつかの異なったタイプがみられる。本稿では、上記4種類の指示形
容詞とそれに似たはたらきをするソノヨウナ（以降、指示形容詞として一括して扱

---

1)　　きめつけ詞とは、指定する語、つまりどれであるかを限定する語である。高橋ほか
　　（2005）のpp. 14-15，pp. 53-54参照。
2)　　規定語は文の拡大成分の一つで、ものを表す文の部分にかかる。たとえば「赤い花
　　が咲いた」では、「赤い」が規定語となっている。本稿中の文法事項に関しては、高
　　橋ほか（2005）の考え方によっている。

う）が、名詞とどのような意味的なかかわりになっているのかをみていく。用例は、形式名詞・準体助辞「の」にかかるものを除いた。

## 2. 先行研究

　名詞にかかる部分と名詞との関係についての先行研究として、動詞句の名詞へのかかわりについて論じた高橋（1979）をあげることができる。高橋は、動詞句の名詞へのかかわりとして、次のア〜オと「二次的なかかわり」をあげて説明している。

### ア．関係づけのかかわり

　高橋は、「関係づけのかかわりというのは、名詞のさししめすものごとを、それが一定のやくわりでかかわっている動作や状態と関係づけるかかわりである」としている。高橋があげている用例を1つ見てみよう。

　　1）ある坂道のところで、雨のようにふったさいせんをてさぐりにひろう<u>女の子なぞ</u>があった。（千曲）

　1）は、名詞「女の子」の指し示すヒトと、それが主体となる動作（＿＿部）とを関係づけるかかわりになっている。

### イ．属性づけのかかわり

　高橋は、「属性づけのかかわりというのは、名詞のさししめすものごとに属性の面からにくづけをほどこすかかわりである」としている。高橋があげている用例を見てみる。

　　2）<u>S字型に曲折した</u>みちが（真知）
　　3）<u>あめのそぼふる</u>夜、月あおじろき夜、いついっても、墓場はあまり心もちのよくないもの。（思出）

　2）では、曲折するという動きはなく、テンス・アスペクトの意味を失った動詞によって、名詞「みち」が指し示すものの状態や性質を示している。「みち」は＿＿部の動作主体ではなく属性の持ち主である。3）の「あめのそぼふる」

は特定時の「夜」におけるできごとを表しているのではなく、どんな夜かを表す、つまり夜の属性を表している。

## ウ．内容づけのかかわり

高橋は、「内容づけのかかわりというのは、名詞が言語活動や心理活動、表現作品などをあらわしていて、動詞句によって、それに内容をあたえるかかわりである」としている。高橋があげている用例を1つ見てみる。

4）つづいておてつがたずねてきたはなしなどをお幾はした。(時は)

## エ．特殊化のかかわり

高橋は、「特殊化のかかわりというのは、名詞が上位概念をしめしていて、動詞句が下位概念によって、それを特殊化するかかわりである」「動詞句と名詞は、おなじカテゴリーに属するものごとの下位概念と上位概念をあらわす」としている。高橋があげている用例を見てみる。

5）……黄ばんだ色にぬったながい腰かけに……　(桜の)

6）クラブ員に秘して積立金をだいぶ消費した事実が (故旧)

7）ビールをすすったりハンカチではなをこすったりする動作を……　(河明)

5）の「黄ばんだ」と「色」が表すものは両者とも色のカテゴリーに属し、下位概念と上位概念を表す。

## オ．具体化のかかわり

高橋は、「具体化のかかわりは、ようす、ていど、方法などをしめす抽象名詞に対して、どのようなできごとやうごきを抽象したものであるかをしめすかかわりである」としている。例えば、「食べる速さ」の「食べる」と「速さ」の関係は、「食べる」という動きから「速さ」を抜き出して抽象化している。つまり、「食べる」で「速さ」を具体化しており、〈具体−抽象〉の関係となる。高橋があげている用例を見てみよう。

8）ボリニャークがさかずきをあける速力はめだってはやくなった。(道標)

9）宿屋のゆかたがけで、このわらっているかっこうは、……　(くれ)

◇二次的なかかわり

　高橋は、「二次的なかかわり」というのは、「名詞が、動詞句で限定されたものごと（それは、ことばのかたちにはあらわされていない）に対して、なんらかの二次的な関係をつけくわえるものごとをあらわすかかわりである」としている。高橋があげている用例を見てみる。

　10)　だから、いく<u>前日</u>ないて私にたのんでいった。（箕面）


　10)　では、「いく<u>その日</u>（＝言葉に表されていない）」の前の日であることを名詞が表している。


## 3.　指示形容詞と名詞のかかわりのタイプ

　2．であげた高橋（1979）を参考にして、指示形容詞と名詞とが意味的にどのようなかかわりになっているのかを分析した結果、主として以下のⅠ～Ⅳのタイプがみられた。
　　Ⅰ．属性づけのかかわり
　　Ⅱ．内容づけのかかわり
　　Ⅲ．特殊化のかかわり
　　Ⅳ．間接的なかかわり　（高橋1979の「二次的なかかわり」に相当する）


　Ⅰ～Ⅳのかかわり以外では、数は少ないが「具体化のかかわり」になるものもあった。これについては、3.1以下でふれる。指示形容詞と名詞とのかかわりのタイプは、その名詞が表す意味によって傾向が見られた。表1は、名詞が何を表すかという名詞の種類ごとに中心となるかかわりのタイプをまとめたものである。
　次に、指示形容詞と名詞とのかかわりのタイプごとに、用例を見ていく。


## 3.1　属性づけのかかわりが中心になっているもの

　「属性づけのかかわり」とは、名詞で表されるものがどんな属性をもっているかを指示形容詞が示すものである。次の用例1をみてみよう。用例番号の後のDはダイクティックな用法（現場指示）、NDは非ダイクティックな用法（文脈

表1　指示形容詞（ソンナ・ソウイウ・ソウシタ・ソウイッタ・ソノヨウナ）と名詞とのかかわり

| かかわりのタイプ | 名詞の種類（何を表すか） |
|---|---|
| Ⅰ．属性づけが中心 | ①モノ　②ヒト　③場所　④組織・集団・会・社会など　⑤時間・時期・日・年など　⑥力・能力など |
| Ⅱ．内容づけが中心 | ⑦言語・言語活動・言語作品　⑧心理活動・認識活動　⑨映像作品・景色　⑩意味・内容・問題・説明・理由など　⑪義務・権利・保障・きまりなど　⑫歴史・運命・結末など |
| Ⅲ．特殊化が中心 | ⑬できごと　⑭活動・行為　⑮ようす・性質・関係・方法など |
| Ⅳ．間接的なかかわり | ⑯「なか」「すべて」「一切」など |

指示）であることを示している。

　1-D　「こんなもん、もうだめだよ。こわれちゃったからいらないよ。捨てちゃおうかな」（たけし）

　1の「こんな」は、「（目の前のおもちゃのように）こわれてしまった」という属性（－状態）を表し、「もん」を属性づけるはたらきをしている。

### 3.1.1　モノなどを表す名詞にかかるとき　（表1の①）

　物体・物質としてのモノを表す名詞のほか、「天の河、星、風、空」などの自然物、「香り、声」など感覚の対象となるもの、「目、顔、足」など人の部分、「家、建物、ホテル」などの建造物（モノ的な場所）、動物や植物などを表す名詞もここに含まれる。次の（1）の属性づけのかかわりであるものがほとんどであるが、（2）の特殊化のかかわりになっているものも、わずかだがみられた。

### （1）属性づけのかかわり

・状態を表す

　2-D　「試合の日、控室でバンテージ巻こうとしたら、俺の手が濡れてたんだよね。……そうしたら、エディさんがこんな手じゃ巻けないよって

怒ったんだ」（一瞬）

　2の「こんな」は、「濡れた」という状態を表し、「手」を属性づけている。
用例1もここに入れられる。
　3-ND　「おれもな、あんなぶっこわれた長屋貸しとくんでな、満足に店賃を
　　　　取ろうなんてこたあ考えてねえから」（三軒）

　3の「ぶっこわれた」のように、指示形容詞と名詞の間に名詞を修飾する語
句があることがある。これは指示形容詞が表すものをはっきりさせたり補った
りするために置かれるものである。

・性質を表す
　4-D　「どうしてそんな濃いサングラスかけてるの？」と僕は訊いてみた。

（ノル）

　5-ND　壁の板が節だらけだと思ったが、わざとそういう板を選んで装飾的
　　　　に張ってるらしい、ということが間もなくわかった。（太郎）
　6-ND　「いつのまにか、大好きになっていました。」そんな香りのする紅茶
　　　　です。（広告コピー）

　6の「そんな」は、「いつのまにか、大好きになる」ことを表し、「香り」は
「大好きになる」対象を表している。「そんな」が表す心の動きは、特定の時間、
特定の人物に限定された特定のできごとではなく、「香り」のポテンシャルな
属性として表現されている。

・材料、つくり、部分に関するもの
　7-ND　この人たちは石垣の穴に竹ぎれや棒を差しこんで、板や筵やトタン
　　　　などをそれに載せて雨露をしのぐ屋根をつくっている。ずっと川上の方
　　　　にも幾つかそんな仮小屋が見えた。（黒い雨）

・用途に関するもの

8-ND　もしそれがボールなのか爆弾なのかをチェックしようとしたら、こ
　　　んどはその実践において、例えば工具を使うならばそれが<u>そのような工
　　　具</u>であること、何か測定器具を使うならばそれが<u>そのような測定器具</u>で
　　　あること、そうしたことを鵜呑みにして、それを踏まえて、爆弾の
　　　チェックという実践をするわけだ。(論理)

・<u>その他</u>

　そのほか、価値・等級に関するもの（用例9）、性能に関するもの（用例10）、
でどころに関するもの（用例11）、数量に関するもの（用例12）などがあった。

9-ND　本棚に並べて保存するにはいまひとつだけど、今すぐに捨てるには
　　　勿体ない…<u>そんな本</u>がこの、「お風呂専用本」行きになります。(Yaブ
　　　2008)

10-ND　〔脊髄を取り出すには、脊椎骨の後ろから伸び出た骨のリングを切
　　　り離す。〕人間の脊髄を取り出すには、このリングをまとめて一挙に切
　　　ることのできる装置があるのだが、〔動物の〕アシカでは<u>そんな便利な
　　　もの</u>は望むべくもない。(動物)

11-ND　ジャズの発生は一九〇〇年ごろのニューオリンズでといわれるが、
　　　その胎動期ともいえる時代にニューオリンズにいたハーンは、自然、<u>そ
　　　ういった大衆の紡ぎ出す音</u>に対して敏感に反応していた。(八雲)

12-ND　「二億円だと！　馬鹿な、私はただの退職官吏だ。どこから<u>そんな
　　　大金</u>が出ると思ってるんだ」(時の)

（２）特殊化のかかわり

13-ND　袋〔＝地震に備えて、夜枕元においておく袋〕には応急手当て用の
　　　薬や包帯類とか少量の食べもの、飲みものとか、大切な書類や何か。<u>こ
　　　ういったもの</u>は新聞雑誌でおりにふれ読んだことをもとに自分流に工夫
　　　した結果だが、……（新・音楽）

　13の「こういった」は何らかの属性を表しているのではなく、前にあげた
「薬」「包帯類」「食べもの」「飲みもの」「書類」というものを表している。「こ

うい**った」が表すものと名詞「もの」とは、同じ「もの」のカテゴリーの〈下位概念－上位概念〉、すなわち〈特殊－一般〉の関係である。

> 14-ND 　……帰りにはチョコレートだの、ドロップだの、パーカーの万年筆だのをくださる。そういった贈物もマットレスへ隠匿する。(本の)

> 15-ND 　照葉樹林帯と申しますのは、葉のピカピカする広葉樹、樫とか椎とか、椿とか茶、そんな常緑の樹林でつながる地帯のことです。(俳句)

> 16-ND 　男の子は虫とか爬虫類とか生き物を怖がって逃げ回る子になるよりも、そういった生き物でも平気でつかめるような子になったほうがいいのでしょうか？ (Ya知2005)


### 3.1.2　ヒトを表す名詞にかかるとき（表1の②）

#### （1）属性づけのかかわり

・外見に関するもの

> 17-ND 　「……もうなにしろね、本当にすきとおるようにきれいなの。あんなきれいな女の子を見たのは、あとにも先にもあれがはじめてよ。」(ノル)


・性格、人格、主義などに関するもの

> 18-ND 　恥ずかしながら私は本が大好きなのである。本音は、本に囲まれて生活したいのだ…。このあたり、なぜ本ごときにこだわっているのか解せない人もいると思うが、私はそういう男なのである。(銀座)


・所有（もの、才能、経歴、経験）、所属、出身などに関するもの

> 19-ND 　ところが、ことし入学した者の中で、一割が一回も懸垂ができない。そういう男が世の中へ出てどうなるか。(国会1977)

> 20-ND 　「……お気の毒ですけれど、次野先生は教諭の免状を持っていないものですからね。」
> 「この学校には、そういう先生がずいぶんいるんじゃないんですか。」(路傍)

・状態、年齢、関係などに関するもの

21-ND　［動作］「……じゃあ僕は帰るよ」せっかちな梶らしかった。彼はい
　　　　ま降りたばかりなのに、もう自動車の方へ戻ろうとした。
　　　　　　杏子はそうした梶をさえぎるように、自動車のドアの前へ立つと、
　　　　……（あした）

　21の「そうした」は、梶の特定の動作を一定のすがたをもった状態として表
している。

22-D　［年齢］「最終的な責任はこの私にあります。――こんな若い私が社
　　　　長になったことで、面白くなかった方も当然いらっしゃったと思いま
　　　　す。」（女社長）

23-D　［関係］お時さんは、連れらしい男といっしょに歩いていたが、やが
　　　　て一つの車両の前に立ちどまって、……ついと男の方から先に内部には
　　　　いって、姿を消してしまった。
　　　　「お時さんも、なかなか隅におけないね、彼氏と九州まで旅行するのか
　　　　な？」……
　　　　「お時さんにあんな人がいたの？」
　　　　　とみ子が声をひそめた。（点と線）

　23の「あんな人」は、「恋人」「いっしょに旅行する仲の人」という、お時さ
んとどういう関係にある人かを表している。

（２）特殊化のかかわり

24-ND　鳥みたいな顔の宇宙人や、首が三つあってその一つずつに口がつい
　　　　てる生物、身体全体を転がしている滑車みたいな奴。トカゲ人、植物人。
　　　　そんないろんな人たちが行き交っている。（占星王）

### 3.1.3　場所を表す名詞にかかるとき（表１の③）
（１）属性づけのかかわり
・性質を表す

25-D　貴子「ええ……静かな、いい町ですわね」
　　　　寅「ええ、これでも近頃だいぶうるさくなりましてね」
　　　貴子「そうですか、でもこういうところもだんだん少なくなります
　　　　わ」（男は）


　次は、その場所で行われる行為、参加者からの属性づけ（性質）を表す。
26-D　〔城北伸鉄という会社の休憩室で〕「何でこんなきついところで働く
　　　んだ」（息子）


・用途に関するもの
27-ND　「あそこ〔礼拝堂〕は瞑想の場所だ。神と人間の対決の場所だから
　　　な」
　　　「そういう場所のあることはいいね。瞑想なんて言葉、今の日本にはあ
　　　まりないけど」（太郎）


・空間的位置に関するもの
28-D　「何処へ行ってらしったの？　随分長かったのね」と私に訊いた。
　　　「向うの方だ」私は無雑作にバルコンの真正面に見える遠い森の方を指
　　　した。
　　　「まあ、あんなところまで行ったの？　……お仕事は出来そう？」（風）


・状況からの不適切さを表す
29-D　リリー「〔びっくりして〕兄ィさん……」
　　　　寅「なにしてるんだ、お前こんなところで？」（男は）


（２）特殊化のかかわり
30-ND　私は地元の不動産に出向く代わりに、破産・倒産処理を専門にやっ
　　　　ている弁護士事務所や、裁判所の玄関の前に足を運んだ。そういった場
　　　所では、７万５千ドルの家を２万ドル、ときにはそれより安い価格で買
　　　うことができた。（プロ）

31-ND　東北新幹線が通りまして、その沿線である郡山あるいは須賀川、鏡
　　　　石町、矢吹町、<u>こういったところ</u>では大分市街化が進んできて、……（国
　　　　会1986）

### 3.1.4　組織・集団・会・社会などを表す名詞にかかるとき（表1の④）
「国、家庭、店、学校、役所、会、社会」などの名詞にかかるもの。

### （1）属性づけのかかわり
・<u>参加者、活動、はたらき、規模などからの属性づけ</u>
32-ND　先生と同郷の友人で地方の病院に奉職しているものが上京したた
　　　　め、先生は外の二三名と共に、ある所でその友人に飯を食わせなければ
　　　　ならなくなった。……
　　　　　　私は奥さんの後に尾いて書斎を出た。……
　　　　「先生はやっぱり時々<u>こんな会</u>へ御出掛になるんですか」（こころ）
33-ND　伸びている会社は、取り組める新事業の幅も広く、自分がその挑戦
　　　　に参画できるチャンスは大きいし、適性も見つけやすい。自分を伸ばす
　　　　なら、<u>そんな会社</u>で働くことだ。（AERA2003）
34-ND　……イェールは、経済学のあり方に関して一つの考え方でまとまっ
　　　　たMITと異なり、異なったアプローチが共存する、知的緊張感のあふ
　　　　れている大学であった。<u>そうした大学</u>では、両方のアプローチを取り入
　　　　れた研究を進めた若い経済学者が育った。（非対称）

### （2）特殊化のかかわり
35-ND　日本国内には、ハイアット、ヒルトン、シェラトンといった海外の
　　　　チェーンホテルがあるし、メリディアンとパシフィック、コンコルドと
　　　　一部の東急ホテルなど、海外のホテルと提携しているところも少なくな
　　　　い。そうした<u>ホテル</u>には、世界共通の会員制度やポイントサービスがあ
　　　　る。（ネット）
36-ND　その銀座の裏通りがかなり新橋に近くなると、克平は両側の店の一
　　　　件一件に視線を投げて行った。中華料理店、洋品店、酒場、菓子屋、洋

服屋、靴屋、──そうした店ばかりが交互に配置されてある感じである。

（あした）

　36の「店」は、商業組織のほかに、物体としての建物という意味ももっている。

### 3.1.5　時間・時期・日・年などを表す名詞にかかるとき（表1の⑤）

### （1）属性づけのかかわり

・その時における、人の考え方やできごとからの属性づけ

　37-ND　「企業の責任というのは利益を拡大することだ」という言葉を引用して、「もはやそういう時代ではない、……（CSR）

　38-D　勝俣秀吉は、つい先ごろ結ばれた日独伊防共協定のことにも言葉を及ぼし、基一郎先生はドイツのことを昔から格別にお好きであったし、またイタリアの自動車フィアットも使っておられた、こういう時代が到来することを見越していられたとしか思われぬ、……（楡家）

　38の「こういう」は、日独伊が味方同士になるというできごとから時代を属性づけている。

### （2）特殊化のかかわり

　39-D　「こんな時間まで、何処行ってたの」（ふぞろい）

　39の「こんな」は、「（発話時のような）遅い」ということである。「遅い」は時刻に関する概念であり、「時間（時刻を表す時間）」とは同じ時間のカテゴリーの〈下位概念－上位概念〉である。すなわち〈特殊－一般〉の関係になっていて、「こんな」は「時間」を特殊化している。

　40-ND　彼女は直ちに駅の電話で庄原駅に連絡し、庄原と備後十日市の駅長の許可を得て同乗同行してくれた。そんな時間があるほど汽車は長く停車したわけだ。（黒い雨）

40の「そんな」は「前文に書かれたことをする（ほど長い）」ということを表している。「長い」は「時間（長さをもった時間）」に関する概念であり、「時間（長さをもった時間）」とは〈下位概念－上位概念〉、すなわち〈特殊－一般〉の関係になっている。

### 3.1.6　力・能力など原因性をもつ名詞にかかるとき（表1の⑥）

「力、能力、元気、エネルギー、技術」などの名詞にかかるもの。

#### （1）属性づけのかかわり

①生じる行動などからの属性づけ

41-ND　「すると被告は、しらふの男を車に突き飛ばしたことになるんだ。君たちは、被告席の彼女をみたはずだ。あんなか弱い女性の一体どこに、そんな力があったというんだ」（12人）

41の「そんな」が表すのは、「力」によって生じる行動である。「そんな」は、生じる行動から原因性をもつ「力」を属性づけている。

42-ND　敏行に自分以外の女がいるだろうということを、奈央子は薄々と気づいている。……オレにそんな元気と時間はないよと、敏行は笑うけれども本当だろうか。（Domani）

#### （2）特殊化のかかわり

43-ND　活字メディアによるマス・コミュニケーションの情報受信者は、一定水準の読解力を有していることが求められる。そして、そうした能力を具有しているとされたのが、まさに市民＝公衆―歴史的実態としての名望家層ないしは有産階級―であった。（政治）

43の「そうした」は「一定水準の読解力」という「能力」の下位概念を表し、特殊化のかかわりになっている。

## 3.2　内容づけのかかわりが中心になっているもの

　「内容づけのかかわり」とは、言語活動や心理活動など内容をもつものを表す名詞にかかって、その内容を指示形容詞が表すかかわりである。次の用例をみてみよう。

　44-ND　一度引きこんだ女の童は、局の口へ帰って来ると、やはり小声に<u>こんな返事</u>をした。
　　　　「どうかこちらに御待ち下さいまし。……」（好色）


　44の「こんな」は、その後の「　　」内に述べられたことを表す。これは、名詞「返事」の内容となっている。以下では、名詞の種類ごとに用例をみていく。


### 3.2.1　言語（活動）・言語作品を表す名詞にかかるとき　（表１の⑦）

　「話、会話、議論、記述、本、記事、手紙、メール、うわさ、説明、言葉、あいさつ、歌」などにかかるもの。44もここに入れられる。


### （１）内容づけのかかわり

　45-ND　「今さらどっちを信じるかなんて、<u>そんな話</u>はやめましょう」（12人）


　指示形容詞は、「照応する（文脈指示）・指し示す（現場指示）＋なにかを表す」というはたらきをもっている。45の「そんな」は前の部分と照応して、その部分に述べられていることを表している。これは、名詞「話」の内容となっている。また、45では、その内容に対する「つまらない」という評価・属性も「そんな」は表している。

　46-ND　別の友人から<u>こんなメール</u>が来ました。「今日、先輩にボジョレーヌーボーおごって貰った！　めちゃうまい！　いいワインはやっぱ違うね」（Yaブ2008）

　47-ND　「いや、ですから、原作の進行がここまで押してしまいますと、やはり主人公が死ぬというシーンを作らない限り、番組は終わりづらいかと…」しかし、<u>そのような説明</u>はむなしいだけだった。（テレビ）

　48-ND　……世論調査をいたしましても、大体六割から七割は、郵政三事業

は国営三事業一体でいいという声もずっと行政改革の期間中も多かったわけでございます。そういった声を踏まえつつ、また新たな改革もせねばならないわけでございますから、……（国会1998）

49-ND 「だけど、スポーツは参加することに意義があるんでしょう？」
「ああいう言葉は、ギ、ゼ、ン！」（太郎）

## （２）特殊化のかかわり

50-ND 健次に安っぽく「兄貴」「兄貴」と呼ばれている中、英一郎は怒りだした。
「やめろ、そんな言い方！」（素直な）

50の「そんな言い方」は、「兄貴という言い方」ということである。「兄貴」と「言い方（呼び方）」は〈下位概念－上位概念〉、〈特殊－一般〉の関係であり、特殊化のかかわりになっている。また、「安っぽい」という属性・評価を表して属性づけのかかわりにもなっている。

### 3.2.2 心理活動・認識活動を表す名詞にかかるとき（表１の⑧）

「気持ち、思い、つもり、意識、決意、考え、解釈、認識、理想、理論、世界観、連想、知識」などの名詞にかかるもの。

## （１）内容づけのかかわり

51-ND 彼女の頭の中には、こういう涙ぐましい考えが、抜きさしがたく形造られてくるのだった。「あたしも恋愛をしなければ。聖さま、あなた一人を不幸のままにしておかないわ」（楡家）

52-ND 立花出雲守が、突然、きっとパークスを睨んで、……その右手が刀の柄におかれた。　─こいつをぶった斬って、腹を切ろう。そうした決意が、胸奥に燃え上がったのだ。（十五代）

次は、「そんな」が表すことがらが原因で「鬱憤」が生じるという関係である。内容づけのかかわりというより、原因から「鬱憤」を属性づける属性づけのか

かわりととらえたほうがいいだろう。

53-ND 日常生活の中で、自分だけ「浮く」のを恐れ、声も上げることができず、運の悪いやつだけが間引きされる。そんな、自分の日常生活を自分の意思で生きられない鬱憤が、めぐりめぐって、弱者の側に立っている人や、弱者そのものへぶつけられる。(朝日)

54-ND 新しい芝居を自由に演じることができる。そんな喜びとやる気が、戦後のムーランにはあふれていました。(北海道)

### 3.2.3 その他の名詞にかかるとき (表1の⑨〜⑫)

表1の⑨〜⑫のような名詞に指示形容詞がかかるときも、内容づけのかかわりになるものが多い。

55-ND 老人が奥さんに先だたれた後、どこからか白い犬が来て老人を慰める。……間もなく老人は死ぬ。お墓の上に犬の足跡が残っていたのが、とても良く出来た映画だった。年寄りはみなこのような映画を見ると、一人でいてもなんとなく心が暖かくなる。(ターキー)

56-ND 開発部門は、できるだけ短い期間で製品化を行い、その製品が市場で売れるか売れないかは営業部門の責任と考えていた。一方、営業部門では市場で売れないのは開発した製品に問題があると考えていた。こうした問題に着目したヒューレット・パッカード社は、……(日本経営)

57-ND ここから先は南バハ・カリフォルニア州となり、先に進むためにはビザ代わりのツーリストカードが必要だと係官が言う。ティワナやエンセナーダで金を払えば発行してくれるらしいが、そんな規則を真木は知らなかった。(小説)

58-ND 郵便局における国債の販売は、明治三十七年から、対象とする国債が発行されなくなったために昭和二十六年に取り扱いを廃止したわけですが、昭和二十六年に廃止するまで約半世紀にわたって実施してきたものであります。そういった歴史、経験もありまして、これを今回、時代にマッチした新たな内容で再現しようとするものであります。(国会1985)

59-ND 〔スコットは〕一人国際救助隊を飛び出しても、何もできずに戻っ

てきてしまうのがオチである。……「勉強不足でした」とか何とか言いながら、トレーシー島にリターンする。そこで、またジェフ〔＝スコットの父〕に「まだまだお前は一人前ではないんだ」と叱られても、スコットにはジェフを超える自信もないため、何も言い返すことができない。そんな結末が自分で予想できるからこそ、スコットは国際救助隊を脱退することなどしないのである。（サンダー）

## 3.3　特殊化のかかわりが中心になっているもの

「特殊化のかかわり」とは、指示形容詞の表すものごとと名詞の表すものごととが同じカテゴリーの〈下位概念−上位概念〉、すなわち〈特殊−一般〉の関係のものである。次の60を見てみよう。

60-ND　ときどきスポーツ選手などで、交通違反で捕まったり、賭博で逮捕されたりすると、その年は力が発揮できず、引退してしまったりすることがあります。……

　　　事実、このような事件をおこす選手が出ると、もうこの選手の寿命も長くないな、と思い、また大抵、これが当たるようです。（病は）

60の「このような」は、前文に述べられた「交通違反で捕まったり、賭博で逮捕されたりする」というできごとを表している。「このような」が表すことと「事件」とは、同じ「できごと」というカテゴリーの〈下位概念−上位概念〉の関係である。すなわち〈特殊−一般〉の関係であり、「このような」は「事件」を特殊化している。

### 3.3.1　できごとを表す名詞にかかるとき（表1の⑬）

「できごと、事件、現象、事実、災い、騒ぎ、発生、終焉、経験、病気」などの名詞にかかるもの。用例60もここに入れられる。

61-ND　心身症は，心身医学的処置を必要とする……内科的な疾患で、代表的なものとして胃・十二指腸潰瘍、慢性胃炎、気管支喘息、蕁麻疹、片頭痛、過敏性大腸、狭心症、レイノー病、肥満症、自律神経失調症などが挙げられます。こういった病気は心と体のアンバランスによって起こ

るとされ、……（リハ）

　61の「こういった」は、前にあげられた病気を指していて、「病気」とは同じカテゴリーの〈下位概念－上位概念〉、〈特殊－一般〉の関係である。すなわち、特殊化のかかわりとなっている。

62-ND　学校の帰り道。近所の友達と寄り道しながら道端を流れる小川で遊んだり、トンボを捕まえたりして、気がついたらすっかり日が暮れてしまった──。子どものころ、<u>そんな経験</u>をした人も多いはず。（広報）

　62の「そんな」は、「……で遊んだり、トンボを捕まえたりして、……日がくれてしまった」経験を表す。

63-ND　日本の九大商社なんかは法人税はほとんどないわけでございまして、その原因の一つが外国税額控除制度というもので……、前からこれは問題になっております。そのほかタックスエロージョン（課税ベースの浸食あるいは虫食い）、<u>こういった現象</u>が多々ございまして、（国会1988）

　63の「こういった」は、前にあげられた、商社が法人税をほとんど払っていない現象やタックスエロージョンという現象を指している。

### 3.3.2　活動・行為を表す名詞にかかるとき（表1の⑭）

　「行為、行動、活動、作業、仕事、生活、遊び、習慣、旅、戦争、試合、けんか、催し、研究、訪問、発見、調査」などの名詞にかかるもの。次の64・65は、特殊化のかかわりになっている。

64-ND　具体的な症状は、いじめ、取っ組み合いのけんか、バットや小刀など武器を使って他人を傷つける、人や動物に対する残虐行為、放火など、他人の人権や社会の基本的なルールを侵害する行動が、繰り返しみられることです。……。
　　　　一般的には、子供が<u>こうした問題行動</u>を繰り返す原因のひとつとして、成長する過程で両親や周囲の十分の愛情や保護をうけられなかったことが考えられます。（こう）

65-ND　着せ替え人形だの、人形の家だの、姉さま人形、答礼人形、ままご
　　　とセット、お座敷遊びのセット、リリアン、ぬりえ、おはじき、カーバ
　　　イトのブローチ、お手玉などと、見ていて楽しいものが多かった。ぼく
　　　も一とおり、そういった遊びにはつき合わされたが、そのあたりも細か
　　　く書くと気持悪がられると困るのでやめておく。（ガラス）

### 3.3.3　ようす・性質・関係・方法などを表す名詞にかかるとき（表1の⑮）

　「状態、様子、調子、姿、態度、形、模様、性格、面積、色、ちがい、異常さ、
側面、次元、順序、仕組み、傾向、影響、変化、関係、構造、部分、種類、や
り方」などの名詞にかかるもの。

### （1）特殊化のかかわり

66-ND　京の市は、単に交換・売買を行うだけの場ではなかった。物資とと
　　　もに、貴賤貧富、老若男女など都城民が集合し、社会のさまざまな階層
　　　の生活が触れ合う場でもあって、人と人とをつなぐ、一種独特の公共広
　　　場という性格も強くもっていた。こうした性格に関連して、市ではさま
　　　ざまな行事も行われた。（藤原京）

　66の「こうした」は、前文の「人と人とをつなぐ、一種独特の公共広場とい
う性格」を指し示し、「性格」を特殊化している。

67-ND　「お父さん」通子は言う。「あ？」「一生のお願いがあるしゃね」通
　　　子は媚びるような言い方をした。すると父は顔をあげて通子を見、少し
　　　笑った。そんな様子は珍しかったからだろう。（涙）

　67の「そんな」は、「（通子の）媚びるような」という様子を表し、「様子」を
特殊化している。

68-ND　ところで、きのこ色（mushroom colour）という色がある。いったい
　　　何色か首をかしげてしまうが、「淡いピンク」を指すらしい。ツクリタ
　　　ケに触ると赤く変色する。少し変色したツクリタケの集まりを遠くから
　　　見ると、そんな色に見えるかもしれない。（きのこ）

68の「そんな」は、「淡いピンク」を指し示し「色」を特殊化している。

69-ND　鮎太が学校で友達にいじめられたりすると、祖母は、躰を二つに折り曲げて、地面を嘗めるような格好で、手を腰の背後で振りながら、学校の校庭へ姿を現わした。鮎太は教室の窓から<u>そうした</u>祖母の<u>姿</u>を見ると、絶望的な気持になった。（あすなろ）

69の「そうした」は、「躰を二つに折り曲げて、地面を嘗めるような格好で、手を腰の背後で振る」姿を表しており、特殊化のかかわりになっている。

70-ND　私たちは、子どもっぽい部分を持っているだけでなく、ドジな部分も持っています。<u>そうした</u><u>部分</u>も、あっていいんだと思うし、子どもたちに見せていいと思っています。（話を）

## （2）具体化のかかわり

71-ND　みんな明るい顔でご飯代わりの暖かいおイモをいただきました。母は<u>そんな</u><u>様子</u>を見ながら、何かを考えているようでした。（色の）

71の「そんな」は前文の動作を表し、その動作から「様子」を抜き出している。指示形容詞と名詞とは〈具体－抽象〉の関係になっている。

72-ND　車に乗っていて、父が冷房をがんがん強くするので、他の者が「寒いから弱めてほしい」と進言すると、「寒いなら、カーディガンでも毛布でも何でも羽織ればいい。俺は暑いんだ」<u>こういった</u><u>調子</u>です。（阿川）

72の「こういった」は前文の父の発言内容を表し、そこから「調子」を抜き出していて、指示形容詞と名詞とは〈具体－抽象〉の関係になっている。その他、表1の⑮にあげられる名詞の場合は、具体化のかかわりになるものも見られる。

73-ND　おたがい、「楯」を下ろして無防備になれる。<u>そんな</u><u>関係</u>が、理想です。（別れた）

### 3.4　間接的なかかわりになっているもの（表1の⑯）

「間接的なかかわり」とは、指示形容詞がかかわるべき名詞がことばとして表されていないものである。次の用例をみてみよう。

74-D　赤沢、枢にむかう。

　　　赤沢「ミドル級の大きな男が<u>こんな中</u>に入っちゃったのか……水田くん！」（泣き）

74の「こんな中」は、例えば「こんな小さな<u>もの</u>の中」ということである。「もの」は「こんな」が表す属性の直接の持ち主であり、「〜の中」の「〜」にあたる部分であるが、それがことばとして表されていない。

75-ND　ベートーヴェンでは、その響きが、どちらかというと、主として大攻撃と進軍の響き……であるか、あるいは、それこそ「大いなる勝利の歌」「勝ちどきの響き」……あるいは「勝利の歓喜の歌」……、あるいは、こういったものがもっと内面化し精神化した「心の勝利」であるもの……、それから、<u>こういったすべて</u>の総合であるといえなくもない、最後の偉大な交響曲第九のフィナーレとか、……（人生）

76-ND　「人一人事故に見せかけて殺した。……」日記に書いて誰かに見られたら通報されそうだが、昨日の出来事を要約するとそうなる。<u>そんな翌日</u>、コウたちはランベック市のラトリア国防省ビルに向かった。（Add）

## 4.　まとめ

以上のような指示形容詞と名詞のかかわりを、高橋（1979）の連体動詞句と名詞のかかわりの場合と比べてみると、大きく2つの違いがあることがわかる。

1つは、連体動詞句では、「関係づけのかかわり」というタイプが立てられるのに対し、指示形容詞の場合はそれを立てることができないことである。例えば、高橋では、「関係づけのかかわり」の中の「参加者−主体のかかわり」として次のような用例をあげている（「2.　先行研究」1）の用例と同じ）。

1）ある坂道のところで、雨のようにふったさいせんをてさぐりにひろう<u>女の子</u>なぞがあった。（千曲）

1）の＿＿＿部の連体動詞句は、名詞「女の子」が指し示すものを参加者－主体とする動作で関係づけている。1）の連体動詞句部分を指示形容詞で表すと、例えば「そんな女の子」となり、「そんな」は「ある坂道のところで～を～にひろう」という動作を指し示す。しかし、「そんな」は動詞のように動きのある動作として表すのではなく、その動作を一定のすがたをもった状態として表し、名詞「女の子」を属性づける「属性づけのかかわり」となる。これは、連体動詞句が動詞によって動作や状態を表し、名詞がその参加者や状況を表すという表現であるのに対し、指示形容詞は指し示したうえで、それを属性やもの・ことがらとして表すという違いによるものである。指示形容詞は、名詞にかかるとき、テンス・ムードの形式をもたないのが基本であり、このことも関係づけのかかわりをもたないことと関係している[3]。

　指示形容詞と名詞のかかわりと、連体動詞句と名詞のかかわりの違いの２つめは、指示形容詞では「具体化のかかわり」の用例が多くないことである。例えば、「食べる速さ」の「食べる」と「速さ」の関係は、2．のオで説明したように〈具体－抽象〉の関係である。しかし、指示形容詞を使って「そんな速さ」と表現すると、「そんな」が表すのは動作そのものではなく、どんな速さかという「速さ」の下位概念となって、特殊化のかかわりになってしまうからである。

　一般的に形容詞は、もの・ことがらの属性を表す品詞であるが、指示形容詞は属性づけのかかわりだけでなく、内容づけや特殊化・具体化のかかわりも実現している。これは、指示形容詞が指示語としてのはたらきをもち、名詞や句節・文（１文とは限らない）と照応して、性質・状態・動きなどを属性として表すだけでなく、もの・ことも表すことができるからである。指示形容詞は、形容詞、名詞、句節・文が表す属性・もの・ことを表し、統語的には名詞にかかるという形容詞のはたらきをもって、一定の関係で名詞にかかわっているのである。

---

3)　　高橋（1979）に、「動詞が連体的な動詞句となって、属性づけのかかわりで機能するとき、動詞のカテゴリーであるテンス、アスペクト、ムード、ボイスなどをうしない、……」（p.336）とある。

# 第4章

# 書き言葉における文脈指示
## ──「この」と「その」の場面と場──

### 要旨

　高橋（1956）では、話し手が現実の場面をとらえて言語化するとき、それを直接言語化するのではなく、客観的な場面を話し手の立場から主体的な場にとらえなおして、それを言語化するのだと述べ、このことをコ・ソ・アの現場指示をめぐって考えている。その〈場面→場→発話〉というプロセスを、文脈指示の用法においても確認する。本稿では、書き言葉における文脈指示の「この」と「その」を使う場合、どのような客観的な場面（広い意味での文脈）を、話し手がどう主体的な場（書き手の近接感）にとらえなおして、「この」「その」を用いるかを整理した。すなわち、客観的な場面において、

・指示対象が固有名詞で示され特定されている
・下位概念名詞で示される特殊なものである
・指示対象が詳細に説明されている
・ダイクシス性をもつもの（先行文脈に照応先があるのだが、執筆した時代・執筆者の内面等を指し示す）
・焦点があるものを指す

場合は、主体的な場において輪郭がはっきりし近接的だととらえられ「この」を使う。一方、客観的な場面において、

・指示対象が個々に特定されていない
・指示対象が詳細に説明されていない
・仮定的なものごとを指す
・焦点が指示対象とは別のところにある

場合は、主体的な場において輪郭がぼやけ非近接的だととらえられ「その」を使う。

【キーワード】書き言葉　文脈指示　この　その　場面　場

## 1. はじめに

　文脈指示における指示語のコ系（「これ」「この」など）・ソ系（「それ」「その」など）
の現れ方については、さまざまな要因が関係していることが先行研究で指摘さ
れている。しかし、文脈指示におけるコ・ソの使い分けの根底にはより単純な
原理があって、統一的に説明ができるのではないか。また、その原理と、より
基本的な用法である現場指示の原理とはどう関係しているのだろうか。

　コ・ソ・アの現場指示については、高橋（1956）、高橋・鈴木（1982）に原理
と研究法上の問題が指摘されている。本稿では、この先行研究を踏まえ、文脈
指示における「この」と「その」の使い分けの原理を考察するために、書き言
葉から用例を集め分析を行った。ア系については書き言葉ではコ系・ソ系に比
べ頻度が極端に低いこともあり、本稿では考察の対象にしなかった。コ系・ソ
系についての主な先行研究は3．で見る。書き言葉を対象にした理由は4．で
述べる。

## 2. 現場指示と文脈指示、ダイクシスと照応

　堀口（1990）では、「現場指示」は話し手と聞き手が同一の空間に共存する場
において、話し手が現に知覚していて聞き手にも知覚されるはずだとする事物
をコ・ソ・アと指す用法であるとしている。また、知覚している事物を指すと
いう点では現場指示と共通ではあるが、内言・独白など特定の聞き手めあての
表現ではないものを「知覚指示」としている。

　同じく堀口（1990）では、「文脈指示」は、話し手あるいは聞き手の表現の内
容を指示の対象とするものとしている。また、「観念指示」は観念の中にある
事物を指すという点で文脈指示と共通であるが、その実態が文脈に示されてい
ないものであるとしている（例えば、いきなり「あの件はどうなっているのか」とたず
ねるような場合）。

　さらに、方向・方面、場所（話し手または聞き手の位置）、時間（発話時）を指す
用法を「絶対指示」としている。すなわち堀口は、「現場指示」「知覚指示」、「文
脈指示」「観念指示」、「絶対指示」といった用法をあげている。

Lyons（1977：636, 660）では、ダイクシスとは人称代名詞、指示代名詞、テンス、その他の文法的・語彙的素性がもつ機能で、発話を発話が行われた時間的空間的座標に関係づけるものであるとしている。また、照応代名詞は、先行詞が指示する事物を指示するものであると述べている。

Levinson（1983：55）では、「ダイクシスというものは、発話を取り巻いている状況、および発話それ自体に内在する多くの異なった諸相を記号化するということにかかわっている」（安井・奥田訳『英語語用論』：63）と述べている。例えば「場所のダイクシスとは、発話事象における会話参与者の場所と<u>関連した</u>空間的位置の記号化にかかわるものである」（下線は訳文のまま、以下同）とし、「時のダイクシスとは、発話がなされた（あるいは、文章上のメッセージが書かれた）時間と<u>関連した</u>時点および時間的拡がりの記号化とかかわるものである」としている。

堀口における「現場指示」「知覚指示」「絶対指示」はダイクティックな用法であり、「文脈指示」は照応に当たるものである。「観念指示」も照応に近いものであろう。「観念指示」は照応先がないものの、観念の中にあるものごとを指すという点は、照応の場合と同じだからである。照応の場合、指し示すものは、照応先の言語表現によって話し手や聞き手の観念の中に存在するようになったものごとであり、基本的には「文脈指示」は非ダイクティックであるが、中にはダイクシス性をもつ文脈指示もある。これについては6.で扱う。なお、Lyons（1977：676）やLevinson（1983：67）でも、ダイクシスと照応の両方の性質をもつものについて言及している。

## 3. 先行研究

主に書き言葉における文脈指示についての先行研究を、簡単にまとめておく。

コ： a．コレは、明言され確定していることを受ける。指すものを手もとへ引き寄せる気持ち。主観的、再提示。（三上1955）

　　 b．テキストの主要テーマはコで指すのがふつう。（正保1981）

　　 c．目前にあるかのように、生き生きと叙述する時。（久野1973）

　　 d．自己に関わり強い身近なものを指示。（堀口1978）

　　 e．未来に起こると考えられること、質問文の内容は指示できない。（Yoshimoto 1986）

ｆ．先行詞が固有名詞ないし総称名詞である時。

「上位型（コノNが先行詞の上位概念であるもの）」「内包型（コノNが先行詞
の属性を表すもの）」などの言い換えがある時。（庵1995ａ）

例）重量挙げ……この競技は薬づけであった。［上位型］

羽生が勝った。時代がこの21歳の天才を呼んでいた。［内包型］

ｇ．後行叙述内容の指示。（阪田1971）

ソ：ａ．ソレは、確定のやや不十分なことも受ける。仮定を受ける。客観的。
（三上1955）

ｂ．話し手自身は指示対象をよく知っているが、聞き手が指示対象をよく
知らないだろうと想定した場合、あるいは、話し手自身が指示対象をよ
く知らない場合。（→主に会話における文脈指示）（久野1973）

ｃ．自己に関わり弱いものを指示──平静なソを用いる。（堀口1978）

ｄ．名詞句へのテキスト的意味の付与。（庵1995ａ）

例）中野さんは専門家だ。その中野さんが言うのだから大丈夫だ。

上の例の「その」は、「専門家である」というテキスト内で示された
属性を「中野さん」に付与している。


## 4．用例について

　今回は用例を書き言葉から集めた。会話などの話し言葉では、聞き手に関す
る要因がコ・ソ・アの選択に大きく関わっているので、書き言葉とは別に考察
する必要がある。聞き手に関する要因がない分、コ・ソ・アの現れ方がより単
純であると思われる書き言葉について取り上げる。小説の地の文のように登場
人物の視点がからむような用例も、今回はとらなかった。

　なお、用例中のルビは原文にあるものはそのまま付した。また、本書の著者
が加えたものもある。


## 5．文脈指示における＜場面→場→発話＞のプロセス

　最初に、文脈指示において、「この」と「その」がどのように使い分けられ
ているのか、比較的明確な対立を示す例を取り上げてみよう。（文脈指示の用例
であるので、引用が長くなるものがある。）

○対立1　対象の特定のしかた、特定の程度による「この」と「その」の使い
　　　　分け

　＜「この」が使われているもの＞
　1）『宇津保物語』については、最近、注目すべき研究がいくつか見られる
　　けれども、<u>この</u>物語の正体についてあまりよく検討されていないので、（日
　　本文学）
　2）……抽象絵画は中世のゴティック様式よりもさらに普遍的な様式である
　　とみられないことはないだろう。しかし、ゴティックの垂直の線は、ヨー
　　ロッパのどこでも同じ一つの神へ向って昇ったのである。<u>この</u>様式の普遍
　　性は、単に美学的理由に基づくものではなかった。（日本的）

　＜「その」が使われているもの＞
　3）「誰を課長にするか」あるいは「誰を部長に昇進させるか」という場合、
　　とくに役所の世界がそうであるが、決め手となるのは上役の意見ではなく、
　　<u>その</u>部なり課なりの、ヒラの雰囲気である。（ケジメ）

　　1）のように、指示対象が固有名詞で示され特定されている場合は、「この」
　が使われるのがふつうである。2）の「この」の指示対象は「ゴティック（様式）」
　であり、「この」がかかる名詞「様式」の下位概念を表している。下位概念名
　詞で示される特殊なものを、一般名詞で受ける場合も「この」が使われること
　が多い。これは、**3.**の先行研究であげた三上（1955）、庵（1995ａ）の指摘に沿
　うものである。
　　3）は、一般的なことがらを述べる文脈の中で、個々に特定されないものご
　とを指し示す例である。このようなときは、ほとんどの場合「その」が使われ
　る。これは、**3.**の先行研究であげた三上（1955）の指摘に沿うものである。

○対立2　説明のしかた、説明の程度による「この」と「その」の使い分け
　＜「この」が使われているもの＞
　4）四年に一度「うるう日」を入れる補正は誰でも知っているが、より細か
　　くは毎年年末に「うるう秒」を一秒入れる補正がおこなわれている。グリ

ニッジ標準時の十二月三十一日午後十一時五十九分五十九秒と一月一日午前〇時〇分〇秒の間に、午後十一時五十九分六十秒という時間を挿入するのである。一九八〇年から八一年にかけては、地球の自転周期が少し速くなったため、<u>この</u>「うるう秒」を年末に入れることが半年延期されて六月三十日と七月一日の間に入れられた。(宇宙)

5) 次に、有名な虚実の論がある。虚とは仮構、実とは写実のことであるが、近松によると、藝のおもしろさは、実と虚との皮膜の間に在るのだとされる。……近松が虚実論をしているのも、結局「人の心の慰み」を重んじたからではあるが、それを虚とか実とかいうことばで言い表わしたのも、杉九兵衛の「狂言の実は虚よりおこり、をかしきことは実よりせねば無理あてになるなり」(言ひ置)などから推して、歌舞伎役者の藝論を承けたものと思われる。

　<u>この</u>虚実論は、要するに、実を「実らしく」表現することに尽きる。(日本文学)

＜「その」が使われているもの＞

6) 日本人とは、日本人とは何かという問を、頼(しき)りに発して倦むことのない国民である。今その問と答の歴史を詳しく省みる暇はないが、ここでは<u>その</u>歴史が宣長と国学にはじまり、殊(こと)に明治以後に著しいとだけいっておこう。(日本人)

4) 5) のように、書き手がよく知り理解しているものごとで、詳しく説明したものを指す場合は、「この」が使われる。これは、3.の先行研究であげた堀口 (1978) と関係がある。

6) では「その歴史」を書き手自身はよく知っているのだが、ここでは詳しく説明しないという態度を表している。このように書き手がよく知っていても、とりあげて説明しないというものを指すとき、または書き手にとっても詳しい説明ができないものを指すときには「その」が使われる。これは、3.の先行研究であげた久野 (1973) と関係がある。

この二組の対立を表にまとめると次のようになる。

表1　「この」と「その」の対立

| 対立 | 用例 | 特徴 | 指示語 |
|------|------|------|--------|
| 1 | 1）2） | ・指示対象が、固有名詞で示され特定されている<br>・指示対象が、下位概念名詞で示される特殊なもの | 「この」 |
| | 3） | ・指示対象が個々に特定されていない | 「その」 |
| 2 | 4）5） | ・指示対象が詳細に説明されている | 「この」 |
| | 6） | ・指示対象が詳細に説明されていない | 「その」 |

　さて、高橋（1956）では、話し手が現実の場面をとらえて言語化するとき、それを直接言語化するのではなく、客観的な場面を話し手の立場から主体的な場にとらえなおして、それを言語化するのだと述べ、このことをコ・ソ・アの現場指示をめぐって考えている。また、高橋（1996）では、現場指示において「一定の客観的な場面から一定のコ・ソ・アの場を再構成するプロセスには、一定の法則がはたらく」と述べている。その〈場面→場→発話〉というプロセスを、文脈指示の用法においても確認することが重要なのではないか。「客観的な場面」「主体的な場」とは文脈指示の場合どういうものなのか、前者が後者にどう反映され言語化されるのかについて、本稿で考えたい。

　現場指示のコ・ソ・アの使い分けにおいては、話し手・聞き手・指示対象物の空間的な距離や位置関係が「客観的な場面」であり、近称・中称・遠称（＝話し手に近いととらえるかどうか）、自称・対称・他称（＝話し手のなわばり内のもの・聞き手のなわばり内のもの・それ以外のものととらえるか）という原理が「主体的な場」である。文脈指示においても、コとソの対立を近称・中称あるいは自称・対称と関連づけてとらえることができるのではないか。そうであれば、空間的な距離以外のどのような要素と関連づけることができるのか。このような点から、先の二組の対立について考察を進める。

　まず〈対立1　対象の特定のしかた、特定の程度による「この」と「その」の使い分け〉であるが、用例1）は、指示対象が固有名詞で示されている。固有名詞で示されるものは、特定され、輪郭がはっきりしたものととらえられる。また、2）のように、下位概念名詞で示される特殊なものは、「その＋名詞」

の名詞が指し示す、より一般的なものに比べて限定され、輪郭がはっきりしたものととらえられる。近くにあるものは輪郭もそれ自体もよく見えるのに似て、特定されたもの・特殊なものは心理的に近いととらえられるから、「この」が使われると考えられる。

　それに対して、3）のようにどれと特定されていないものごとは、特定されるものごとよりも輪郭がぼやけ、へだたりがあると感じられる。遠くにあるものは輪郭がぼやけて見えるのと同様である。この場合、「その」が使われる。

　次に、〈対立2　説明のしかた、説明の程度による「この」と「その」の使い分け〉について考える。4）5）のように、書き手がよく知り理解して具体的に詳しく説明したもの、とりあげて説明しようとしているものは、輪郭がはっきりし書き手にとって近接的なものに感じられるから「この」が使わる。一方、6）のように未詳のものには、輪郭がぼやけ心理的にへだたりが感じられるために「その」が使われる。これも、近くにあるものははっきり詳しく観察でき、遠くにあるものははっきり見えないということに通じるからであろう。

　以上のように、書き言葉における文脈指示の「この」は、何らかの意味で近接的なものを指し示し、「その」は何らかの意味で非近接的なものを指し示す。これは、現場指示における近称・中称の原理（＝話し手に近いととらえるかどうか）と関連づけて考えることができるものである。このように考えると、文脈指示においても、

　　　〈客観的な場面（広い意味での文脈）→　主体的な場（書き手にとって、近いある
　　　　いはへだたりがあるととらえられる場）→　発話〉

というプロセスを見出すことができる。書き言葉においては、会話のときのように目の前に具体的な相手がいるわけではないから、読み手の存在が会話のときの聞き手ほど意識されない。したがって、自称・対称（＝話し手のなわばり内のものか聞き手のなわばり内のものか）という場は考えにくい。これをまとめると表2のようになる。


## 6.　コ・ソのその他の用例

　5．では、「この」と「その」の使い分けが比較的明確な二組の対立を取り出して、書き言葉の文脈指示における＜場面→場→発話＞のプロセスについて

表2　文脈指示における「場面」と「場」1

| 対立 | 用例 | 客観的場面<br>（広い意味での文脈） | 主体的な場<br>（書き手の近接感） | 指示語 |
|---|---|---|---|---|
| 1 | 1）2） | 指示対象が、固有名詞で示され特定されている・下位概念名詞で示される特殊なもの | 輪郭がはっきりし、近接的 | 「この」 |
| | 3） | 指示対象が個々に特定されていない | 輪郭がぼやけ、非近接的 | 「その」 |
| 2 | 4）5） | 指示対象が詳細に説明されている | 輪郭がはっきりし、近接的 | 「この」 |
| | 6） | 指示対象が詳細に説明されていない | 輪郭がぼやけ、非近接的 | 「その」 |

考えた。6. では、5. で見た以外の要因で「この」あるいは「その」が使われているものを見ていく。その用例には、「この」と「その」の選択にほぼゆれのない場合から、どちらの使用も可能だと思われる場合まで、いろいろな程度がありうる。ここでは、

　A　「この」が使われ、「その」より適切だと思われる場合
　B　「その」が使われ、「この」より適切だと思われる場合
　C　「この」と「その」の両方が使われうる場合
に分け、その用例を見ていく。


## 6-A.　「この」（「その」より適切だと思われる場合）

### 6-A1.　ダイクシス性をもつもの

　7）　地球の歴史に関する地質時代区分の中で、もっとも最近の時代を、新世代と呼んでいる。この時代は私たちのまわりにたくさん生息する哺乳動物が栄えた時代で、六五〇〇万年前にさかのぼると言われる。（どこから）

　7）の「この時代」は「新世代」のことであり、書き手の表現内容を指示の対象としている点で文脈指示である。また、「この時代」は7）が書かれた時

点を含む時なので、ダイクシス性をもつといえる。次のようなものも、ダイク
シス性をもつと考えられる。

8）わたくしは、文藝自身のなかに在るもので文藝の展開を秩序づけるひと
　　つの立場として、表現理念による区分を考えてみた。すなわち「雅」と
　　「俗」とを文藝史における基本的な表現理念と認め、両者の交錯によって
　　世代が形成されてゆくと考えるのである。この立場を理解していただくに
　　は、わたくしの考える「雅」および「俗」の意義から説明するべきであろ
　　う。（日本文学）

　8）の「この立場」は、それ以前で説明されている立場であり、その表現内
容を指示の対象としている点では文脈指示である。また、「この立場」は書き
手の立場であり、いわば空間的位置に関係するダイクシス性と関連があると考
えられる。
　次はテキストダイクシス（textual deixis – Lyons1977）と呼ばれるもので、テキ
スト中に用いられた言語形式や表現などを指し示す。文脈指示は表現の内容を
指し示すものであるから、テキストダイクシスは文脈指示に入れないほうがい
いのだが、ここで用例をあげておく。

9）『方丈記』という題名は、作者　鴨 長明の自筆である大福光寺本に見え
　　るものだが、この「記」は、シナ文藝におけるひとつの体としての記、す
　　なわち、表・奏・檄・賛・銘・誄・論・書・序などに並ぶ記を意味するも
　　のであろう。（日本文学）

　テキストダイクシスの場合、書き言葉では書き手自身が書いた言語形式や表
現そのものを指し示し、「この」が使われる。

## 6-A2. 焦点があるものを指す

10）利休は信長の時代からの茶頭であった。そのときの位置からすれば、秀
　　吉は遥かに下の方にいた人物である。……
　　　山崎の妙喜庵にある待庵という二畳の茶室は、秀吉の明智討ちの戦勝を
　　祝って利休が造作したものではないかといわれている。……それが出来た

のが天正十年であり、その翌年、利休は秀吉の茶頭となっている。

　　このとき二人の位置関係は逆転している。別の世界の二人とはいえ、このとき重心は秀吉に移ったのだ。二人並んだといってもいいが、何といっても秀吉は天下を取ったのである。そして下から見上げるだけであった信長の茶頭を、自分の茶頭として従えて満足したのである。（千利休）

　10）の「このとき」は２文目の「そのとき」と対比される。そして、焦点は秀吉が利休を従えるようになった「このとき」のほうにある。焦点があるものは、近接的なものととらえられるから「この」が使われる。また、２つあるもののうち、テキスト上の位置が近いというダイクシス性もあるだろう。次のような例は、ほかの多くのものとの対比の上で、焦点があたっていると考えられる。

　11）ところがダメ人間が少なく、優秀な人間ばかりだと、互いのあいだの牽制（けんせい）が強くなる。……反対にダメ人間がたくさんいると、優秀な人間は心に余裕をもち、バカをやりながらどんどんと大活躍する。

　　このバカをやるということがじつは重要なのである。（ケジメ）


## 6-B. 「その」（「この」より適切だと思われる場合）

### 6-B1. 仮定的なものごとを指す

　仮定的なものごとは、実現され確実に存在する（した）ものごとに比べて輪郭がぼやけ、心理的なへだたりが感じられる。

　12）自己を観察するのは、他人を観察するのとはちがう。私はこういう人間であるという結論に私が到達した瞬間に、その結論は必然的に誤りとなるだろう。（日本人）


　12）の「その結論」は、現実に出された結論ではない。このような場合は「その」が使われることが多い。仮定的なものごとというのは、個々に特定されなかったり未詳であったりする。このようなものごとは、5.の3）6）の用例について述べたように、輪郭がはっきりせず、へだたりがあると感じられ、非近接的な「その」が使われる。

13）時代区分は、文学史にとって「最初の問題であるとともに最後の問題でもある」といわれる。……はじめから磐石不動の時代区分を設ける必要はないし、また、できることでもない。しかし、なるべくそれに近い見通しをもつことは、重要である。<u>その</u>見通しこそ、かれの文学史研究の性格を決定するからである。（日本文学）

## 6-B2. 焦点が別のところにある場合

14）周知のように、月は自転しながら地球のまわりを公転し、<u>その</u>地球がまた自転しながら、太陽のまわりを公転している。（宇宙）

14）の「その地球」は、「<u>自転している月がまわりを公転している</u>地球」である。後半の部分で、「その地球」で表される「地球」と、「地球がまた自転しながら、太陽のまわりを公転している」こととが同時に存在することを述べているが、焦点はより後者のほうにある。焦点が弱いものは、非近接的に感じられるので、「その」が使われると考えられる。

15）その時代の人文研は、この研究所の歴史の中でも最も活気に満ちた時代だったと思います。終戦直後まで仙台の東北大学にいらした桑原武夫さんが、この人文科学研究所に来られたのが昭和二十三、四年頃のことでした。<u>その</u>桑原さんが、新しい「共同研究」という方法を考えられ、この研究組織に人文研の人たちはもちろん、それ以外にも関西を中心に広く参加者をつのり、次々とユニークな成果をお出しになった。（生活史）

15）の「その桑原さん」は、「終戦直後まで仙台の東北大学にいて、昭和二十三、四年頃人文科学研究所に来た桑原さん」を表す。「その桑原さん」で表される「桑原さん」と、「新しい『共同研究』という方法を考えられ〜次々とユニークな成果をお出しになった」こととでは、より後者のほうに焦点がある。

　この用法は、ある特徴をもっている特定のもの、ある状態にある特定のものを指し示す用法で、庵（1995ａ）の「テキスト的意味」を名詞句に付与するものである。

## 6-B3. 「そのもの（その人）」で「それ自体」の意味を表すもの

16) 生活<u>その</u>ものが表現として生きている。(日本文学)

17) 『今昔物語』の美しさや価値を発見したものは、専門の国文学者ではなくして、実に芥川<u>その</u>人であった。(羅生門解説)

18) それぞれの分野をつらぬく統一ある日本文化の実体は、<u>その</u>ものとして重く、実質的な、手ごたえのあるものとしては感じられない――(芸術的)

　「そのもの」「その人」で、「ほかのものではない」「それ自体」という意味を表す。「そのもの」「その人」の二つに限られていて、16) 17) のように、「その」の直前に照応先があるものがほとんどである。このような特徴から、慣用的な用法と見るほうがよい。

## 6-C. 「この」と「その」の両方が使われうる場合

　**5.** で「特殊」「詳細」などの要因をあげたが、指示対象が特殊なものか否か、詳細な説明か否かは、明確な境界線があるわけではない。その程度によっては、近接的かどうかのとらえかたにゆれが生じうる。

　また、**5.** や**6-A・6-B**であげた要因を複数もつことにより、近接的だととらえられる条件・非近接的だととらえられる条件の両方がある場合がある。その場合は、近接性と非近接性が中和してしまうと考えられ、ただ単に指す無標の「その」が多く使われる。「この」を使う要因がより強く、近接的にとらえる場合は「この」が使われる。

## 6-C1. 「その」が使われた場合

19) そこで問題は、こうなる。いわゆる日本的な美の基準には、どれほどの普遍性があるか。ことにそれが、もののあわれとわび・さび・枯淡によって代表される方向であるとすれば、そもそも<u>その</u>〈この〉方向が日本的というべきものかどうか。もしそう言い切れないとすれば、日本の文学・芸術の特徴は、……(日本的)

　19) の「その方向」は「もののあわれとわび・さび・枯淡によって代表され

る方向」であるが、これがどの程度特殊なものであるか、どの程度詳細な説明であるかは明確ではない。書き手が詳細だととらえるなら近接化され、「この」を使うだろう。

20) 賈先生のきわめてユニークな意見の一つに、中国華北地方の旧石器文化の発展の様相には、異なった二つの系統ないし伝統が並行して存在するという論がある。

その〈この〉二つの系統とは、匼河〜丁村系と、周口店第一地点（北京人遺址）〜峙峪系である。（どこから）

20)は、「その」の前で「二つの系統」について詳しく説明されておらず、「その」が使われている。しかし、そのあとでとりあげて説明しようとしているので、「この」も使える。

## 6-C2. 「この」が使われた場合

21) しかし、和歌が漢詩と対等の文藝であるためには、漢詩と同様の文藝的表現をもつことが必要であった。古今集時代の代表的歌人である紀貫之のことばでいえば、歌は「さま」を知らなくてはいけないのであった。その「さま」とは、要するに、六朝ふうの倚傍的表現である。半世紀ほど前から流行しだしたこの〈その〉表現様式を、いっそう徹底させることにより、かれらは、歌を詩の線まで引っぱり上げることに成功した。（日本文学）

21)の「この」は「六朝ふうの倚傍的表現」を指し、「この」がかかる名詞「表現様式」の下位概念を表していて「この」が使われる。しかし、「六朝ふうの倚傍的表現」についてそれほど詳しく説明しているわけではなく、非近接的な「その」を使うこともできる。

22) 有心の論は、晩年の作らしく思われる『毎月抄』に見えるものであるが、そのころかれの撰した『新勅撰和歌集』（一二三五）は、新古今風の華麗さを去って、平淡・無味の傾向がいちじるしい。定家自身の歌が平淡・無味に赴いたことは、いうまでもない。この〈その〉平淡・無味は、有心の論に裏づけられたもので、たんなる凡庸化ではない。それは、貫之にも、世

阿弥にも、芭蕉にも見られるところであり、青壮年期をシナ的な「雅」との格闘にすごした人たちが、老境に入って還りつく真の「俗」だと考えられる。（日本文学）

22）は「平淡・無味」について、「この」以降でとりあげより詳しく説明しようとしているものであり、「この」を使っている。しかし、「平淡・無味」は「この」以前ではそれほど詳しくは扱っていないので「その」を使うこともできる。

### 6-C3. 指示語が続く場合

次の用例は、「このこと」と「その同僚」が使われているが、「そのこと」と「この同僚」という組み合わせでもよさそうである。

23）三十代の働きざかりの会社員Ａさんは、虫の好かぬ同僚について、あれこれ思いめぐらしているうちに、その同僚が部長と話し合っている態度が一番気に入らぬことに思い到った。「何だ、あのへつらった態度は！」と思った途端、Ａさんは笑い出してしまった。「あれは実は俺の姿そのものではないか」と思ったからである。と言っても、Ａさんが上司にへつらう人というのではない。そんなことするものかと拒否しつつ、やはりへつらう気持ちも、心の底には結構存在しているものだな、と気づいたわけである。

　　Ａさんは<u>この</u>〈その〉ことに気づいてから、<u>その</u>〈この〉同僚をみるとそれほど嫌でもないし、以前に感じたほど別に上司にへつらうような人物に見えなかった。（働き）

23）では「このこと」と「その同僚」のテキスト上の位置が近く、くりかえしを避けるため「その同僚」としたということがあるだろう。「そのこと」と「この同僚」の組み合わせにするか、どちらを選択するかには、**5.**や**6-A**・**6-B**であげた要因、さらに指示語と照応先がテキスト上近いか離れているかということが関係しているだろう。

　**5.**の表2に、**6.**で見てきた用例7）〜15）を加えて示すと、表3のよう

になる。

　実際の用例では、表3の客観的場面における要因を複数もつものも多い。

表3　文脈指示における「場面」と「場」2

| 用例 | 客観的場面<br>（広い意味での文脈） | 主体的な場<br>（書き手の近接感） | 指示語 |
|---|---|---|---|
| 1）2） | 指示対象が、固有名詞で示され特定されている・下位概念名詞で示される特殊なもの | 輪郭がはっきりし、近接的 | 「この」 |
| 3） | 指示対象が個々に特定されていない | 輪郭がぼやけ、非近接的 | 「その」 |
| 4）5） | 指示対象が詳細に説明されている | 輪郭がはっきりし、近接的 | 「この」 |
| 6） | 指示対象が詳細に説明されていない | 輪郭がぼやけ、非近接的 | 「その」 |
| 7）～9） | ダイクシス性をもつもの（執筆した時代・執筆者の立場や内面等を指し示す）（テキストダイクシス） | 輪郭がはっきりし、近接的 | 「この」 |
| 10）11） | 焦点があるものを指す | | |
| 12）13） | 仮定的なものごとを指す | 輪郭がぼやけ、非近接的 | 「その」 |
| 14）15） | 焦点が別のところにある場合 | | |

## 7.　まとめ

　以上見てきたように、書き言葉の文脈指示における「この」と「その」の使い分けの根底には、何らかの意味での「近接性・非近接性」という基本的な対立がある。「この」が使われるか「その」が使われるか、すなわち、近接的ととらえるか非近接的ととらえるかには、次のような要因がかかわっている。

　a）指示対象がどのような存在か（＝固有名詞で表され特定されたものである、下位概念名詞で表わされる特殊なものである、ダイクシス性をもつ、個々に特定されていない、仮定的なものごとである）

　b）その前後の文脈で指示対象をどのように扱うか（詳細に述べたか否か、ある

いはその後の文脈でとりあげて説明を加えるか）

　c）指示対象に焦点があるか

　また、文章の修辞という点から、同じ指示語のくりかえしを避けるため、「この」か「その」が選ばれることもある。

　**5.** でふれた高橋（1956）の〈場面→場→発話〉というプロセスと同じプロセスを、文脈指示において考えてみると、近接的・非近接的ということは、指示対象を書き手の立ち場から、主体的な場でとらえなおすときのとらえかたの問題であり、そのとらえかたを左右するものは、上のa）〜c）の客観的な場面（＝広い意味での文脈）である。

　実際の用例には、さまざまな近接性が関係し合っていて、それほど単純にわりきれない例もある。これは、高橋他（1996）で扱った現場指示の場合の問題と通じるものである。すなわち高橋他（1996）は、「現実の場面におけるモノの配置は、〔実験の場合より〕もっと複雑である。空間は立体的であり、さされるモノのなかには、等質でないモノがいっぱいあり、ひとつの場面からふたつ以上の場が形成されたりする。こういう複雑な場面からどのようにして場が形成されるのか」と述べ、指されるモノの大きさと距離の関係・指されるモノの前後に別のモノがある場合・いくつかのものがセットとしてとらえられる場合・そのセットが2つある場合・ゆびさしがあるときとないとき・話し手の背の高さとの関係などを問題にしている。

　本稿では、書き言葉における文脈指示の「この」と「その」を、近接・非近接の対立としてとらえてきた。これは、現場指示における近称・中称の原理に関連づけるもので、主体的な場を再構成するとき、近称・中称の原理がはたらくとするものである。ただ、文脈指示は、現場指示の場合と次のような点で異なっている。

　・現場指示で近称・中称・遠称の原理がはたらくとき、話し手と聞き手は「われわれの領域」を作る（領域融合型―高橋他2005：pp.54-55参照）。しかし、書き言葉の場合、読み手の存在は会話のときの聞き手ほどには意識されず、「われわれの領域」ではなく「私の領域」が作られる。そして、「私の領域」内のもの＝近接的なものを「この」で指し示し、「私の領域」外のもの＝

非近接的なものを「その」で指し示す。

　　ただし、次のような用例では読み手の存在が意識され、自称・対称の原理と関連づけ（現場指示の領域対立型）、「読み手の領域」にあるものを「その」で指し示しているとも考えられる。

24）しかし私は詩歌風流のことを語りすぎたかもしれない。生花に日本趣味がどう現われているかということよりも、たとえば日本資本主義の「歪み」、「ひずみ」、「後れ」の問題はどうなったのか、と多分読者は考えはじめているだろう。確かに<u>その</u>ことと、日本人とは何かということと、関係のないはずがない。（日本人）

24）「その」の指示対称は読み手の考えの内容であり、読み手の側にあるから「その」が使われると考えられるだろう。特に相手の発話を受けて会話が展開していくような場合は、文脈指示の「この」「その」を自称・対称の対立としてとらえることを考えなければならない。

・今回用例をとったような書き言葉（論説文中心）では「あの」は基本的に使われない。論説文以外でも、書き言葉における文脈指示の「あの」の用例はごく少ない。本稿では、「この」と「その」を比較して相対的に近接・非近接の対立としてとらえた。その意味では、「その」は中称ではなく遠称といってもいい。現場指示の近称・中称・遠称の原理とは異なり、文脈は近称・中称（遠称）の対立であると言える。

第5章

# 会話文における文脈指示のコ・ソ・ア

**要旨**

　指示語（コ・ソ・ア）の文脈指示について、どのような客観的な場面（広い意味での文脈）を、話し手がどう主体的な場（話し手の近接感等）にとらえなおして、コ・ソ・アを用いるかを考察した。まず、「A 話し手が言ったことを指すのか、聞き手が言ったことを指すのか、話題になっていることを指すのかという照応先」「B 話し手・聞き手の指示対象に対する知識や関係」という客観的な場面にかかわる要因を調べた。そして、そういった指示対象を話し手がどう主体的な場にとらえなおすのか、つまり「C 心理的に、近いあるいは遠いととらえるか、自分あるいは相手の領域内のものとしてとらえるか」を現場指示との関連で整理し、文脈指示のコ・ソ・アの使われかたを考察した。

　その結果、本文中の表3-2に示したように、話し手・聞き手・指示対象の三者の現実でのかかわりかたや照応先と、コ・ソ・アとの関係がわかった。また、現場指示と文脈指示とで共通性の高い「場」が構成されていると考えられることも述べた。

【キーワード】会話文　文脈指示　指示語　場面　場

## 1.　はじめに

　指示語（コ・ソ・ア）の文脈指示についての研究は、どのような場合にコ系あるいはソ系、ア系で指すのかというコ・ソ・アの使い分けについての研究を中心に行われてきた。その使い分けにさまざまな要因が関係していることは、先行研究で指摘されている。これまで指摘されてきたものには、

　　A話し手が言ったことを指すのか、聞き手が言ったことを指すのか、話題に
　　　なっていること[1]を指すのか、という照応先
　　B話し手・聞き手の指示対象に対する知識や関係

C 心理的に、近いあるいは遠いととらえるか、自分あるいは相手の領域内の
　　ものとしてとらえるかなど、話し手のとらえかた

に関する要因がある。A（＝言語内要因）とB（＝言語外要因）は客観的な現実に
起因する要因であり、Cは話し手の主観的なとらえかたに起因する要因である。
しかし、これまでの研究では、このような異なる視点・性質の要因を同列に並
べて扱っているものもあり、また、それぞれがどう関係しあってコ・ソ・アが
選択されるのかが整理されていないところがある。

　高橋（1956）は、話し手が現実の場面をとらえて言語化するとき、それを直
接言語化するのではなく、客観的な場面を話し手の立場から主体的な場にとら
えなおして、それを言語化するのだと述べている。上のA・Bの要因が「場面」
であり、Cの要因が「場」である。どのような客観的素材（A・Bの要因）＝「場
面」を、話し手がどうとらえて（Cの要因）＝「場」、それをコ・ソ・アの選択
に反映させるのかについての考察が必要である。

　さらに、コ・ソ・ア選択における現場指示と文脈指示の接点は、話し手の主
観的なとらえかた（＝「場」）にあると考えられ、この点についての現場指示と
文脈指示の関係を考察することも重要である。


## 2. 本稿の構成と用例について

　本稿の構成は以下のようになっている。

　3. で、文脈指示のコ・ソ・アについて、先行研究の問題点を指摘する。そ
して、どのような点での考察が必要かをより具体的に述べる。4. で、用例を
もとにコ・ソ・ア選択の要因を考える。そして、1. のA・Bの要因、すなわ
ち客観的な現実に起因する要因（＝客観的な「場面」）をまとめる。5. で、1. の
Cの要因、すなわち、コ・ソ・アの近接性・領域性（＝主体的な「場」）を検討し、
現場指示と文脈指示の関係について整理する。

　分析に用いた用例は、大正〜平成時代に書かれた小説の会話文やインタ
ビューの中の「この」「その」「あの」である。また、「この」「その」「あの」

---

1)　どういうものが「話題になっていること」なのかは厳密に定めることは難しい。本
　　稿では、「話し手・聞き手の間である程度長く話されたこと」を「話題になっている
　　こと」とする。

のうち、どれか一つしか使えないケース（例えば「この」の用例であれば、「その」や「あの」に置き換えにくいもの）を扱った。他の系列に置き換えにくいものだけを考察するほうが、コ・ソ・アの基本的な用法を確定しやすいと考えるからである。

## 3. 先行研究と問題点
### 3.1 本稿で用いる用語

本稿では、以下のように用語を規定して用いる。

現場指示：その場に存在するもので、話し手が知覚するものをコ・ソ・アで指す用法。

文脈指示：話し手・聞き手の言語表現の中に出てきた、あるいは出てくるものごとを指す用法。

照応先　：文脈指示において、指示語が照応する言語表現。たとえば「3月22日、その日は確か、友人に会った。」という場合、「その」の照応先は「3月22日」である。

観念指示：現場指示ではなく、かつ前後の文脈に照応先のない用法。いきなり「あの件はどうなっているのか」とたずねるような用法。

なお、ア系は、現場指示以外は、話し手の頭の中にある心的イメージを指し、文脈指示はないとする立場（春木1991など）がある。しかし、本稿では、話し手・聞き手の言語表現の中に照応先があれば文脈指示であるとの立場で、ア系も考察の対象とする。また、観念指示も、その場に指示されるものが存在しないのであるから、現場指示ではなく文脈指示の部類の一つだとし、考察の対象とする。

### 3.2 先行研究と問題点
#### 3.2.1 照応先に言及している先行研究

1. で述べたA「照応先」に言及している先行研究には、佐久間（1936）、井手（1958）、阪田（1971）などがある。これらには1.B「話し手・聞き手の知識や関係」、C「話し手のとらえかた」にも言及しているものもあるが、それも

ここであげておく。

（1）佐久間（1936）

　佐久間は、次のように述べている。

　・相手の言ったことはソ系で指す。

　・自分が言ったこともソ系で指すことがある。

　・相手との間に話題になっていることは、ソ系で指すのがふつうで自然であ
　　るが、ある程度まではコ系で指すことができる。

　つまり、佐久間のこの説明によると、照応先だけで、コ系とソ系の使い分け
を説明することはできないということである。


（2）井手（1958）

　井手は、文脈指示のソ系とコ系について、二つの場合に分けて次のように考
えている。

　・ひとつは、現場指示でいうと、話し手と聞き手が離れていて、それぞれの
　　領域をつくる場合に相当するものである。この場合、聞き手の発言内容は、
　　聞き手の勢力圏内にある話材として把握されるため、ソ系で指す。

　・もうひとつは、現場指示でいうと、話し手と聞き手が接近していて、両者
　　が「われわれ」の領域をつくる場合に相当するものである。この場合、聞
　　き手の発言内容は、「聞き手の勢力圏内即話し手の勢力圏内」という意識
　　から、コ系で指示する。

　井手は、話し手の発言内容を指すときはどうなのか、ア系についてはどうな
のかについてはふれていない。


（3）阪田（1971）

　阪田は、コ・ソ・アの現れ方について、大きくふたつの場合に分けて考えて
いる。要約すると、

　　ⅰ）話し手の自分の領域（コ系）とそれ以外（ソ系）

　　ⅱ）話し手・聞き手の「われわれ」の領域（コ系）とそれ以外（ソ系・ア系）

という考え方である。つまり阪田は、話し手を中心とした領域を考えており、
聞き手の領域というものを認めていない。ⅰ）ⅱ）は、「**3.2.3** 話し手のと

らえかたに言及している先行研究」になるが、次のように照応先などについても述べている。

　ⅰ）の場合では、次のようなものは自分の領域内のものとしてコ系で指示する。

　　・話し手の発言内容を指す場合（会話）
　　・話し手が先行の叙述内容を主体的にとらえた場合（文章）
　　・後行の叙述内容を指示する場合（会話・文章）

　また、次のようなものは自分の領域外のものとして、ソ系で指示する。

　　・聞き手の発言内容を指す場合（会話）
　　・話し手が先行の叙述内容を客観的にとらえた場合（文章）

　さらに、照応先のない場合はア系が使われ、過去を思い出して語り、なつかしむ感情等、主観の色合いが加わる、とも言っている。

　ⅱ）の場合については、次のように述べている。

　　・共通の話題は、両者は共にソ系で指示するのがふつうである。
　　・その話題を主体的な意識で『われわれ』の身近なものとしてとらえる場合にはコ系が使われる。
　　・その話題が両者の共通の知識である場合にはア系が用いられる。

　阪田の「叙述内容を主体的／客観的にとらえる」「その話題を主体的な意識で……身近なものとしてとらえる」とは、より具体的にはどういうことか、客観的な現実の要因に言及して説明する必要がある。


　以上の先行研究をみると、聞き手が言ったこと・話し手が言ったこと・話題になっていることのいずれもソ系とコ系で指しうるということになる。確かに、用例を照応先によって分類した結果（表1．用例は4．であげる。）を見ると、⑤「話し手がこれから言うことを指す」場合を除いて、照応先だけではコ・ソ・アの使い分けを説明することはできない。では、コ・ソ・アの選択にかかわる他の要因について見てみよう。

表1　照応先とコ・ソ・ア（コ・ソ・ア相互に置き換えにくい文脈指示の用例のみ）

| 照応先 | 「この」230例 100% | 「その」260例 100% | 「あの」440例 100% |
|---|---|---|---|
| ①聞き手が言ったことを指す | $0^2$ | 92例 35% | 82例 19% |
| ②話し手が言ったことを指す | 148例 64% | 155例 60% | 119例 27% |
| ③話題になっていることを指す | 79例 34% | 11例 4% | 107例 24% |
| ④照応先がない | 1例 1% | 2例 1% | 132例 30% |
| ⑤話し手がこれから言うことを指す | 2例 1% | 0 | 0 |

（％は小数点以下四捨五入、1％以下はすべて1％とした。以下同じ。）

### 3.2.2　話し手・聞き手の指示対象に対する知識や関係に言及している先行研究

　1.で述べた「B　話し手・聞き手の知識や関係」に言及している先行研究には久野（1973）、黒田（1979）がある。

### （1）久野（1973）

　久野は、次のように述べている。ア系は、話し手、聞き手ともによく知っている場合にのみ用いられ、ア系を用いるためには直接的な知遇が必要である。ただし、話し手も聞き手も知っている有名人は、たとえ面識がない場合でも、ソ系は用いられない。ソ系は、話し手はよく知っているが聞き手がよく知らな

---

2)　「その」に置き換えられるものは8例あった。次のような用例である。
　　インタビュアー：音程を確かめるために、チューナーを使ったりというのはいかがでしょう。
　　吉田先生　　　：このチューナーへの頼りすぎが一番いけない。日本のフルート界が停滞状態にあるのは、この非音楽的なチューナーと平均律重視に原因があるのではないかと思います。（フルート）

いものだと想定した場合、あるいは、話し手がよく知らないものを指す場合に用いられる。また、コ系は、話し手だけがその指示対象をよく知っている場合にしか用いられない。

　では、指示対象に対する話し手や聞き手の直接体験的な知識・関係により、コ・ソ・アがどう使われているかを見てみよう（表2-0）。表中、「話し手」をH、「聞き手」をK、「直接知っている」を＋、「知らない」を－、で表す。（主な用例は4．であげる）。

表2-0　話し手・聞き手の指示対象に対する知識や関係とコ・ソ・ア

| 話し手・聞き手の<br>指示対象に対する知識や関係 | 「この」<br>230例<br>100% | 「その」<br>260例<br>100% | 「あの」<br>440例<br>100% |
|---|---|---|---|
| a　話し手は知らないが、聞き手は直接知っているものごと（H－、K＋） | 0 | 93例<br>36% | 0 |
| b　話し手は直接知っているが、聞き手は知らないものごと（H＋、K－） | 145例<br>63% | 96例<br>37% | 27例<br>6% |
| c　両者が直接知っているものごと（H＋、K＋） | 85例<br>37% | 10例<br>4% | 413例<br>94% |
| d　両者が直接知らないものごと（H－、K－） | 0 | 61例<br>23% | 0 |

（％は、コ・ソ・アごとの用例数の中での割合）

　表2-0で、aとdの場合は「その」が使われ、久野（1973）のいうように、話し手が直接知っているかいないかという要因によって、ソが選択される。次のような用例である。

　1　（aの場合－ソa としておく）

　　刑事「会社を出るのも〔伸子と〕一緒でしたか？」

　　純子「ええと……そうです。一緒でした。私がエレベーターの前で待ってて……」

　　刑事「待った？　すると、桑田伸子さんは遅れて来たんですね？」

　　純子「少しね。ハンカチを忘れたと言って、社長室へ取りに戻ったんです」

　　刑事「何分ぐらいかかりました？」

純子「よく分かりませんわ。すぐ戻って来ました。どうしてそんなことを
　　　訊くんです？」

刑事「よく考えて下さい。桑田伸子さんが、<u>その</u>とき倉庫室へ行って戻っ
　　　て来たとは考えられませんか？」（女社長）

2　（dの場合－ ソd としておく）

純子「ねえ、どうかしら、三郎って男が、あの晩見かけたのは、尾島夫人
　　　だけじゃなかったかもしれないわ」

刑事「というと──」

純子「柳、北岡、そのどっちかかもしれないじゃない？」

刑事「その可能性はありますね」

純子「待って。三郎っていう男が殺されたとき、尾島は料亭にいたんだ
　　　わ。」

刑事「<u>その</u>席に、北岡や柳もいたのかな？」

純子「柳はいたんじゃないかしら。でも北岡は、無視されてたわけでしょ
　　　う。ということは──」（女社長）


　しかし、bとcの場合はコ・ソ・アのいずれも使われ、久野の説明だけでは
不十分である。


（2）黒田（1979）

　文脈指示のコ・ソ・アの使い分けを説明する際に、「よく知っているかいな
いか」「直接的な知識かどうか」という要因があげられることがあるが、この
「よく知っているかいないか」ということについて、黒田が述べていることを
要約すると以下のとおりである。

　ア系（及びコ系）に対応する直接的な知識とは、直接体験に基づく知識であり、
知識の主体はその対象について、原則上は、無限の知識をもっている。これに
対して、ソ系に対応する間接的な知識とは概念的知識と呼べるもので、我々の
知識はその概念に限定されている。そして、話し手はよく知っているが、聞き
手はよく知らない対象についてソ系を用いるのは、聞き手は対象を概念で理解
するよりほかなく、話し手としては聞き手と共通の場に立って、概念だけで規

定される対象としてソで指示する。

　さらに、黒田は、指示詞ソ・アの選択にとって本質的な要因は、話し手と聞き手が対象を「よく知っているかいないか」ということではなく、話し手が対象を概念的知識の対象として指向するか、直接的知識の対象として指向するか、ということにある、とも述べている。

　なお黒田は、コとアのちがいについてはふれていない。

### 3.2.3　話し手のとらえかたに言及している先行研究

　1．で述べた「C話し手のとらえかた（近接性・領域性）」に関する先行研究には、三上（1955）、井手（1958）、堀口（1978）、阪田（1971）がある。井手（1958）と阪田（1971）については、3.2.1を参照されたい。

（1）三上（1955）

　「これ」と「それ」について、三上の説明を要約すると次のようになる。

　「これ」で指示するのは、明言され確定していることで、話し手の手の届く範囲に、手で触れられるように明瞭に存在するものである。話し手と時間的・心理的に近いことか、あるいは話し手にそれを手もとへ引き寄せるという気持ちがあるときである。主観的で、強調や再提示（例：「おくりがなの不統一は、これも表記部会でなんとかしなければならない」）に使われる。また、「それ」は、確定していることに加えて、確定のやや不十分なことを指すときにも使う。また、仮定を指すときにも使う。客観的である。「これ」も「それ」も疑問を指すことはできない。

　三上は、「明言され確定していること」、また近接性ということから「これ」と「それ」の使い分けを説明している。話し手が「明言し確定し得るもの」というのは、話し手が指示対象に対して知識や関係を持っているということである。本稿では、指示対象に対する知識や関係と、近接性・領域性との関連から考察する。

（2）堀口（1978）

　堀口は、自己に関わり強いとする身近な対象を強烈に指示する時はコ、自己に関わり弱いとする対象を平静に指示する時はソ、自己に関わり強い遙かな存

在だととらえる対象を強烈に指示する時はアを用いるとしている。そして、聞き手とは関係なく、話し手の対象に対する関わりの気持ちによってコ・ソ・アは使い分けられるとしている。

　堀口の言う「話し手の気持ち」は、対象が現実においてどのような存在であるかということに左右されるのであるから、本稿では、どのような客観的存在が、どのように主体的にとらえられてコ・ソ・アが使われるのかという点から具体的に用例を見ていく。

## 4．どのような対象をコ・ソ・アで指すか

　4．では、1．のA・Bの要因、すなわち客観的な現実に起因する要因について考える。3．2．2でみたように、表2-0のa（H－、K＋）を指す場合とd（H－、K－）を指す場合、つまり話し手が直接知らないものごと（H－）を指す場合は「その」が使われる。問題となるのは、表2-0のb（H＋、K－）とc（H＋、K＋）の場合である。この二つの場合について、指示対象が直接体験的な知識ということだけではなくその知識がどのような性質のものか、また、照応先がどう関係しているかを検討することにより、コ・ソ・アの使い分けを次に考える。

### 4.1　表2-0のb（H＋、K－）「話し手は直接知っているが聞き手は知らないものごと」を指す場合

　次の表2-1は、表2-0のbの場合でさらにどのようなものを指すかをコ・ア・ソごとに示したものである。このあとコ→ア→ソの順に検討していく。というのは、指示対象がどういうものであるかという点でコとアが対照的な性格をもち、使い分けを理解しやすいと考えるからである。

　表2-1の1）～6）のような場合、それぞれコ・ア・ソが使われることを示している。3）6）は、指示対象がどのようなものかということではなく、3）は「⑤話し手がこれから言うこと」、6）は「①聞き手が言ったこと」という照応先がコ・ソ・アの選択に関わっているものである。次に、表2-1の1）～6）の用例をみていく。

表2-1　表2-0のb（H＋、K－）の用例

| 指示対象 ＼ 照応先 | | ①聞き手が言ったこと | ②話し手が言ったこと | ③話題になっていること | ④照応先がない | ⑤話し手がこれから言うこと |
|---|---|---|---|---|---|---|
| コ | 1）話し手・発話時に関係のあるものごとを指す | 0 | コ1 111例 48% | コ2 25例 11% | 0 | 0 |
| | 2）焦点化するものごとを指す | 0 | コ3 7例 3% | 0 | 0 | 0 |
| | 3）（照応先がコの選択に関わる） | 0 | 0 | 0 | 0 | コ4 2例 1% |
| ア | 4）時間的または空間的に離れたものごとを指す | ア1 2例 1% | ア2 18例 4% | ア3 7例 2% | 0 | 0 |
| ソ | 5）無標のソ（単に指す） | 0 | ソ1 88例 34% | ソ2 2例 1% | 0 | 0 |
| | 6）（照応先がソの選択に関わる） | ソ3 6例 2% | 0 | 0 | 0 | 0 |

（％は、表2-0の用例数の中での割合）

### 4.1.1　「この」が使われる時

**（1）話し手・発話時に関係のあるものごとを指す**

　「この」の一つめは、表2-1の1）「話し手・発話時に関係のあるものごと」を指す場合で、話し手の発話時の気持ち・考え・仕事や、話し手が発話時にかかわっているできごと・行為などを指すものである。

・話し手が言ったことを指す例（表2-1のコ1）

　3　「誰かに附文をするのだ。いいかね。……すると気の毒だが君は臂鉄砲を食わされる。……。——それでいいじゃないか。君の顔でやればそれに

間違いなく成功する。この考はどうだい。……」(赤西)

4　「……こうして何ということなく過ぎてゆく月日だけれど、朝夕、隔て
　　なく顔を見られる、その喜びだけは、何にも代えられないと、私は思って
　　いるのだよ。あなただけを愛している。私の、この気持を、行く末長く、
　　見とどけてほしいのだよ」(新源氏)

5　「……舞台の可能性への試み、という題で、いろいろ実験的な芝居をやっ
　　ているんだが、たとえば日本の古典演劇の能、歌舞伎、そして落語から講
　　談にいたるまで、これらを新劇の舞台にとりいれ、古典劇と現代劇の交流
　　というのかな、まあ、そんなものを試みているわけだ。この試みはこんど
　　で四回目だが、六月の二十日から三十日まで、赤坂の乃木会館でやる。観
　　にきてくれるかい」(冬の旅)

6　「森から出ることはないんですか？」と僕は管理人に訊いた。
　　「ありません」と言って彼は静かに首を振った。「そう決められているん
　　です。ここにずっといて発電所を管理するんです。いつか誰かがやってき
　　てこの仕事をかわってくれるかもしれません。……」(世界の)

　用例6の「この仕事」は、その前の＿＿＿＿に述べられている、発話時の話し手
の仕事を指している。

・話題になっていることを指す例（表2-1の コ2 ）
　「話し手と聞き手の間で話題になっていること」なので、長めに引用する。

7　「……閑間君、坊さんの代りになって、君は死者のあるたびにお経を読
　　みたまえ」……工場長は、今後とも死者がぞくぞく出る見込だから、どこ
　　かお寺へ行って火葬するときに、坊主の読む経文をノートして来いと云っ
　　た。そればかりでなく、広島には真宗の人が多いから、真宗の流儀で読む
　　経文を筆記して来いと注文つけた。
　　「しかし工場長、それはお断りします。いくらノートを取って来たって、
　　わたしには亡者を導く力がありません。私は仏教については全然素人で
　　す」
　　「……素人が死者に対してお経を読むことは、素人が病人に投薬するのと

は訳が違う。法規的にも違反は問われない。しかし、君が真宗の流儀を好かんければ、禅宗でも日蓮宗でも何でもよい。御苦労だろうが、<u>この</u>命令は実行に移してもらわんければいかんよ」（黒い雨）

　用例7の「この命令」は、発話時に話し手が発している命令を指している。文脈から、話し手と聞き手との間でかなりの時間、これについてのやりとりがあったことがわかる。

　8　〔木下の妹市子が会社を設立することにした。木下と市子が電話で話している。地の文－略〕

　　木下「東京の方は市子一人でやるのか……」

　　市子「ううん、松ちゃん。今の旅行社で私の下にいる加賀松美さんが一緒にやるといってくれてるの。それから中国人の劉一観（りゅういっかん）という留学生も。彼、中国語はもちろん、英語もコンピューターも凄いんだから」

　　市子「ま、差し当たりは淀谷さんの神戸も、大友観光の次男の義隆君がやる九州も、それぐらいよ」

　　木下「そうすると、三三が九人ということだね」

　　〔中略〕

　　木下「そんな数で全国ネットができるのかね」

　　市子「全国ネットだからできるのよ。<u>この</u>会社の本体はインターネット上にあるんだから、本当はオフィスなんかいらないのよ。……」（平成）

　用例8の「この会社」は、話し手と聞き手の間で話題になっている会社を指している。この会社は、話し手がすでに設立の準備を始めている会社である。

　9　〔河合はナオミに逃げられてしまった。河合と浜田は、電話で話している。地の文－略〕

　　河合「……それに突然、こんな時刻に電話をかけて甚だ失礼なんですが、実はあの、ナオミが逃げてしまいましてね、――」

　　浜田「ああ、ナオミさんが、――矢っ張りそうだったんですか」

　　河合「それじゃあ、君はもう知っているんですか？」

　　浜田「僕は昨夜遇いましたよ」

〔中略〕

河合「……どうかしてナオミの居所を知りたいんです。熊谷の所にいるん
　　　だか、それとも誰か外の男の所にいるんだか、……それを調べて戴く
　　　訳には行かないでしょうか。……」

〔中略〕

浜田「それじゃとにかく調べて見ますよ」

河合「それもどうか、成るべく至急にお願いしたいんですけれど、……」

浜田「……多分今日じゅうには分るでしょうが、分ったら何処へお知らせ
　　　しましょう？　あなたはこの頃、やっぱり大井町の会社ですか？」

河合「いや、<u>この</u>事件が起ってから、会社はズッと休んでいるんです。
　　　……」（痴人）

## （2）焦点化するものごとを指す

「この」の二つめは、表2-1の2）「焦点化するものごと」を指す場合である。
これは、話し手が直前に言ったことで、同類のものと対比させ焦点をあてて指
すものである。述べ方としては、「ア…、イ…、ウ…。<u>この</u>ウは……」という
ものである。

・話し手が言ったことを指す例（表2-1の コ3 ）

　照応先は話し手が直前に言ったことで、照応先がコの選択に影響しているこ
とも否定できない。次の用例10は、「起承結」との対比で「転」に焦点をあて
てコノで指している。

10　「人の一生も、詩とおなじだ」

　　　と、庄九郎はよくいった。人生にも詩とおなじく、起承転結の配列がある、
　　　と。

　　　「なかでも、転が大事である」

　　　と、言う。

　　　「<u>この</u>転をうまくやれるかやれないかで、人生の勝利者であるか、ないか
　　　のわかれみちになる」（国盗り）

11　お葬式のときには、安芸門徒は『三帰戒』『開経偈』『讃仏偈』という順
　　　に読んで参ります。次に流転三界の『阿弥陀経』でございますが、<u>この</u>お

経を読む間に、参集者がお焼香をいたします。次に、『白骨の御文章』で
ございますが、このときには仏の方へ向かないで、参集者の方へ向いて諷
誦いたします」(黒い雨)

12 「今さあ、これさえ言ってりゃ、まちがいないって言葉があるのよ。辰
君わかる？」
「公害反対ですか？」
「それよりもっと完全なの。公害はね、まだ少し実際的なんだな。自動車
は公害をまき散らす。しかし自動車を全面廃止したら、輸送力の点で社会
生活がくずれる、っていうジレンマがわかってる人も、かなりいるんだ。
それは証拠が出せるからさ。だけど、どうにもならないのがある」
「何ですか」
「非武装中立、世界は一つ。この思想さ」(太郎)

　用例12は、公害反対の思想などとの対比で、直前で述べた思想に焦点をあて
て、「この思想」と指している。

## （３）照応先がコの選択に関わる場合

　「この」の三つめは、表２−１の３）で、話し手・聞き手の指示対象に対する
知識や関係よりも、「話し手がこれから言うことを指す」という照応先の要因
が強くはたらくものである。
・話し手がこれから言うことを指す例（表２−１のコ4）

13 〔地の文−略〕
「……もし君が案内してくれないんなら、僕は自分一人でいくよ」
「いいわ。あなたは言っても聞くような人じゃないようだし、とにかく一
人で行かせることはできないわ。でもこのことだけはよく覚えていてね。
私はあのたまりがとても怖いし、二度とあんなところには行きたくないと
思っているのよ。……」(世界の)

## 4.1.2 「あの」が使われる時

　「あの」が使われるのは、表２−１の４）「時間的または空間的に離れたもの

ごと」を指す場合である。これは、「過去に経験したこと」や「直接知っている人・もの・場所など具象的な形をもち、発話場所から離れたところに存在するもの」を指すものである。これまでも指摘されてきたように、この**4.1**で取り上げている b（H＋、K－）「話し手は知っているが聞き手は知らないものごと」を「あの」で指すのは、その対象を回顧的に想起する時である。「ひとり思い出す」という意味合いの表現に適さない状況などでは「あの」は使われず、「その」が使われる。（「あの」は、次の**4.2**で扱う表 2 - 0 の c（H＋、K＋）の場合に多く用いられる。）

・聞き手が言ったことを指す例（表 2 - 1 の ア 1 ）

14　小兵衛は、不二楼の奥まった小座敷へ通り、酒を命じ、座敷女中のおもとをよんだ。

　　　顔なじみのおもとが、にんまりとして、

　　「先生。このごろは、大変だそうでございますねえ」

　　「何が、よ？」

　　「朝な夕なに、木母寺のあたりを、お孫さんのようなむすめさんの手をひいて歩いていなさるそうではございませんか」

　　「うん」

　　「大丈夫でございますか？」

　　「いまに強くなろうよ。あのむすめ、おぼえが早くてなあ」（剣客）

用例14の「あのむすめ」は、話し手がいっしょに暮らしている若い女で、聞き手が会ったことがない人物を指している。話し手が直接知っているものごとを想起して「あの」で指している。この用例のように、聞き手が知らないものごとを「あの」で指すと、ひとり思いにひたる意味合いが表現される。

・話し手が言ったことを指す例（表 2 - 1 の ア 2 ）

15　フェレイラ「〔かつて〕ここに、わしは〔今の〕お前と同じように閉じこめられ、その夜はほかのどんな夜よりも寒くて暗く」〔地の文－略〕

　　〔中略〕

　　フェレイラ「わしがここで送った夜は五人が穴吊りにされておった。五つ

の声が風の中で纏れあって耳に届いてくる。役人はこう言った。お前が転べばあの者たちはすぐ穴から引き揚げ、縄もとき、薬もつけようとな。……」

司祭「あなたは」「祈るべきだったのに」

フェレイラ「お前は彼等〔＝今穴吊りにされている者たち〕より自分が大事なのだろう。少なくとも自分の救いが大切なのだろう。……」

フェレイラ「わしだってそうだった。<u>あの</u>真暗な冷たい夜、わしだって今のお前と同じだった。……」（沈黙）

　初めに「その夜」と「その」で指示しているものを、状況などを具体的に表現したあとで「あの真暗な冷たい夜」と「あの」で指示している例である。この用例でも、話し手が経験したものを想起して「あの」で指している。聞き手は直接は知らないことを指している。

16　〔三浦と牛堀が話している。〕三浦にしても、秋山小兵衛の名は、牛堀九万之助からきいたにすぎない。……

牛堀「おれも秋山さんを見ていると、剣の道を外してしまいたくなる。しかし到底、<u>あの</u>仁のまねはできない。<u>あの</u>自由自在、融通無礙の境地には、とてもとても……なれぬ以上、いまのままのおれを伸ばして行くよりほかに道はない」

三浦「ぜひ、私を秋山先生にお引き合せ下さい」（剣客）

　用例16の「あの仁」は、話し手が直接知っている秋山のことであるが、聞き手は会ったことがない。

・話題になっていることを指す例（表2-1の ア3 ）

17　〔地の文－略〕

奉行「所用あって平戸まで赴いておったゆえ」「平戸には折あらばパードレも一度、訪かれるがよいな」

奉行「松浦殿の城下町だが、穏やかな入江に面した山がある」

パードレ「美しい町だと、澳門（マカオ）の宣教師たちに聞いたことがございます」

奉行「さして美しいとは思わぬが、面白い町ではある」「<u>あの</u>町を見ると、むかし耳にした話を思いだす。……」（沈黙）


### 4.1.3　ソノが使われる時

#### （１）　無標のソ

「その」の一つめは、表2－1の5）「無標のソ」である。これは、4.1.1や4.1.2で述べたコ・アの場合にあてはまらないものごと、すなわち、話し手・発話時に関係がなかったり焦点化されないものごとを指す場合、時間的空間的に離れたものごとを回顧的に想起して指すのではない場合である。5.で扱う近接性・領域性に関係なく、単に前に出てきたものを指すという指し方である。5.でも述べるが、4.1.1の「この」や4.1.2の「あの」が使われる場合は、指示対象の性格から心理的な近接性や領域性が関係して、コあるいはアが選択される。また、次の(2)の場合は、〈聞き手が言ったこと＝聞き手の領域〉という領域性がソの選択を決定する。しかし、それ以外の場合では近接性・領域性が弱く、単に前に出てきたものを指すという指し方で「その」が使われる。

・話し手が言ったことを指す例（表2－1の｜ソ1｜）

18　〔犬塚は鮎太に、「進駐して来たアメリカの兵隊の中に、入墨をしている者がいると思うが、それを写真に撮ることはできないものだろうか」と言う。地の文－略〕

　　鮎太「日本人の入墨では駄目か」

　　犬塚「日本人のは相当資料を持っているんだ。しかし、日本人のでもないよりはいいから、撮れるんなら撮って貰いたい。……」

　　鮎太「よし、じゃあ、一人紹介する、多分<u>その</u>女に頼めばいいと思うんだ」

（あすなろ）

19　悪魔「わかってます。で、フン先生というひとの家の所番地は？」

　　警察長官「市川市のはずれに下総の国分寺という有名なお寺がある。<u>その</u>お寺の裏側の畑の中の一軒家だ」（フン）

20　〔ハイウエイの清掃夫を一日だけやったという青年が話している。〕

「黄色と黒のダンダラ模様の服を着せられるのさ。バケツもだ。そんな恰好で、気が遠くなるほど長い長いハイウエイをのろのろ歩いていると、何だか自分がシマヘビみたいな妙な気分になってきてねえ。あんた、<u>その</u>感じわかる？」（風に）

・話題になっていることを指す例（表2-1の ソ2 ）

21　〔純子は伸子に、犯人の似顔絵が手に入ったことを話した。犯人の似顔絵は、伸子の恋人である林の顔だった。地の文－略〕

伸子「――じゃ、犯人の似顔絵が手に入ったのね？」

純子「そ、そうなのよ。犯人――と決まったわけじゃないんだけどね、彼が」

伸子「彼？」「じゃ、私たちの知ってる人なのね？」

純子「まあ……ね」

伸子「誰なの？」

〔中略〕

純子「じゃ言うわ。――林君だったのよ」

伸子「林……。林って誰？」

純子「林君よ。林昌也君」

伸子「いやあね……何言い出すかと思ったら！　人をからかうのもいい加減にしてよ！」

純子「嘘じゃないのよ。冗談でも、からかってるのでもないの。<u>その</u>絵は林君だったのよ」（女社長）

## （2）照応先がソの選択に関わる場合

　「その」の二つめは、表2-1の6）で、話し手・聞き手の指示対象に対する知識や関係よりも、ここでは「聞き手が言ったことを指す」という照応先の要因が強くはたらくものである。

・聞き手が言ったことを指す例（表2-1の ソ3 ）

22　藤井が、

　「とうとう、長官〔＝聞き手である山本〕、最前線へ出られることになりま

したなァ」

と言うと、山本は、

「<u>その</u>ことだよ。近ごろ内地では、陣頭指揮ということが流行っているようだが、ほんとうを言うと、僕がラバウルへ行くのは、感心しないことだ。……」（山本）

　用例22の「その」は、聞き手もある程度知っていることを指しているのだが、直接関係をもっているのは話し手のほうである。「そのことだよ」は、聞き手が言ったことが検討すべき重要なことなのだと指摘している発話である。聞き手が言ったことを強調するような文脈で「その」が使われている。このような文脈から判断して、「聞き手が言ったことを指す」という照応先の要因がはたらいて、「その」が選択されていると考えられる。

　23　「なるほど。そうこうするうちに、益川が姉の小林富恵を痛めつけ、さんざんな目に遭わせた。その次には、美也子がやられるかもしれないという切迫した状況になった？」「<u>その</u>とおりですわ。……」（容疑者）

## 4.2　表2-0のｃ（H＋、K＋）「両者（話し手と聞き手）が直接知っているものごと」を指す場合

　次の表2-2は、表2-0のｃの場合で、さらにどのようなものを指すかをコ・ア・ソごとに示したものである。表2-2の1）〜4）のような場合、それぞれコ・ア・ソが使われることを示している。次に、表2-2の1）〜4）の用例をみていく。

### 4.2.1　「この」が使われる時

**（1）話し手・聞き手の両者、発話時に関係のあるものごとを指す**

　「この」の一つめは、表2-2の1）「話し手・聞き手の両者、発話時に関係のあるものごと」を指す場合で、両者の発話時の考え・仕事や、両者が発話時にかかわっているできごと・行為などを指すものである。

・**話し手が言ったことを指す例**（表2-2の コ5 ）

　24　汽車で台北へ着き、ホテルでさっそく打合せにとりかかろうとした時、

表2-2　表2-0のc（H＋、K＋）の用例

| 指示対象＼照応先 | | ①聞き手が言ったこと | ②話し手が言ったこと | ③話題になっていること | ④照応先がない |
|---|---|---|---|---|---|
| コ | 1）両者・発話時に関係のあるものごとを指す | 0 | コ5　30例 13% | コ6　46例 20% | コ7　1例 1% |
| コ | 2）（照応先がコの選択に関わる） | 0 | 0 | コ8　8例 3% | 0 |
| ア | 3）時間的または空間的に離れたものごとを指す | ア4　80例 18% | ア5　101例 23% | ア6　100例 23% | ア7　132例 30% |
| ソ | 4）（照応先がソの選択に関わる） | ソ4　10例 4% | 0 | 0 | 0 |

（％は、表2-0の用例数の中での割合）

やってきた安保、岡野両弁護士が弱った表情でこう報告した。

「あすから裁判がはじまるわけですが、うわさによると、この公判は傍聴禁止でおこなわれるとのことです」（人民）

　用例24の「この公判」は、聞き手が被告、話し手がその弁護士である公判を指している。「公判」は「あす」から始まるが、話し手は、公判の打ち合わせにやってきたところであり、「発話時に準備を進めている、両者が関係している裁判」である。

25　隊長は一同にむかって次のように話しました。

「われわれは降伏をした。自分たちばかりではない、自分たちの国も降伏をした。このことをどう考えたらいいのか、私にはわからない。……」（ビルマ）

26　私は内藤にひとつ言っておきたいことがあったのを思いだした。さりげなく伝えるにはこんな時が最もよいのかもしれない。

「明日、俺はソウルへ行って、柳の側と正式に契約してくる」

「うん」

「<u>この</u>試合は、まず君と俺とのふたりが望んだものだったよな」

「うん……」（一瞬）

　用例26は、「試合」に向けてのトレーニングが終わり、ホテルへ帰る車の中での会話である。「この試合」は、発話時以降に行われる試合であるが、準備はすでに始まっており、発話時にかかわっていることである。聞き手が戦う試合であるが、話し手はプロモーターとしてかかわっている。

・話題になっていることを指す例（表2-2の<u>コ6</u>）

　27　「見積りは高すぎる。もっと安くなるはずだ」

　〔海軍〕艦政本部側は、詳細な数字を並べて力説する。

　「ぎりぎりの所ではじき出した価格です。見積り通りにぜひお願いいたします。真剣にお願いしておるのです。仰言るような数字では、利益どころか欠損してしまいます」

　　森たち〔＝三菱重工社員〕は、頭を下げる。

　「利益利益というが、<u>この</u>仕事の意義をもっとよく考えてもらいたい」（戦艦）

　用例27の「この仕事」は、話し手側（海軍）が聞き手側（三菱重工）に発注しようとしていて、聞き手側が見積もりを出した仕事である。発話時に見積もりが行われている、両者にかかわりのある仕事である。

　28　午後三時に尾島〔＝話し手・聞き手の会社の元社長、今でも社員〕が〔殺人容疑で〕逮捕されたというニュースはすっかり広まっていた。

　　純子「始まったわね」

　　　社長室へ入るなり、純子はそう言った。

　　社長「ええ。どう、事務所の方は？」

　　純子「今のところヒソヒソ話の段階ね」

　　社長「新聞や週刊誌から何本か電話がかかって来たわ。全部断ったけど。
　　　　　——みんなにも、マスコミの取材には応じないようにって伝えてくれる？」

純子「はい、社長」

　　社長「せっかく今のところ巧く行っているのに、<u>この</u>事件でまたおかしく

　　　　　ならなきゃいいけど」（女社長）


　用例28は、「この事件」をめぐって会話がおこなわれている部分である。会社が所有するマンションで殺人事件が起き、その容疑者として会社の社員が逮捕された。発話時に起きている、話し手・聞き手ともに関係のある事件を指している。


・<u>照応先がない例</u>（表2-2のコ7）

　29　織田大臣「明智さんにもやって欲しい仕事がある……」

　　　明智官房副長官「私に、できることとは、何でしょうか……」

　　　〔中略〕

　　　織田大臣「いや、ほかでもない。<u>この</u>特別国会が終わったら足川総理の外

　　　　　交日程が詰まっている。……」（平成）


　用例29の「この特別国会」は、発話時を含む期間に開かれている特別国会を指し、話し手と聞き手に直接関係があるものである。その場に存在するものを指すのではないが、ダイクティックな性格ももっている。


（2）照応先がコの選択に関わる場合

　「この」の二つめは、表2-2の2）で、話し手・聞き手の指示対象に対する知識や関係よりも、「話題になっていることを指す」という照応先の要因が強くはたらくものである。話し手と聞き手の間で交わされている議論のテーマなどを指すものである。

・<u>話題になっていることを指す例</u>（表2-2のコ8）

　30　〔地の文-略〕

　　　信夫「おかあさま、人間は、死んだら何もかも終わりですね」

　　　母　「信夫さん、おかあさまはね、死がすべての終わりとは思っておりま

　　　　　せんよ」

信夫「だって、おかあさま、死んで何が始まるのです？　死んだ人間に未来があるとでもおっしゃるのですか」「どんな未来があるというのですか」

母　「あのね、信夫さん。おかあさまが今、死は永い眠りであって、また覚めることがあるのだと言っても、あなたは信じませんよね。ほんとうに<u>この</u>問題をまじめに考えているのなら、せっかちに答えを求めてはいけませんよ。……」（塩狩峠）

用例30の「この問題」は、話し手と聞き手の間で話されている「人間は死後どうなるか」というテーマについて言及するものである。(1)の「両者・発話時に関係のあるもの」は、話し手と聞き手が現実的に関係をもつできごとや仕事などを指すものであるが、ここは用例30のように、現実的に関係をもつというのではなく、議論のテーマとなっているものを指す場合である。

31　〔地の文－略〕

自分「罪。罪のアントニムは、何だろう。これは、むずかしいぞ」

堀木「法律さ」

自分「罪ってのは、君、そんなものじゃないだろう」

堀木「それじゃあ、なんだい、神か？　お前には、どこかヤソ坊主くさいところがあるからな。いや味だぜ」

自分「まあそんなに、軽く片づけるなよ。も少し、二人で考えて見よう。これはでも、面白いテーマじゃないか。<u>この</u>テーマに対する答一つで、そのひとの全部がわかるような気がするのだ」（人間）

用例31の「このテーマ」は、話し手と聞き手の両者の間で話されている「罪のアントニムは何か」というテーマを指している。

## 4.2.2　「あの」が使われる時

「あの」が使われるのは、表2－2の3）「時間的または空間的に離れたものごとを指す」場合である。**4.1.2**でふれたように、「あの」は「(H＋、K－)話し手は直接知っているが、聞き手は知らないものごと」の場合よりも、ここ

の「（H＋、K＋）両者が直接知っているものごと」の場合に多く用いられる。先行研究でも指摘されてきた用法であるので、１用例のみ挙げる。次は、話し手が言ったことを指す例である（表2-2の ア5 ）。

32 「伸子さんが好きで社長なんかやってると思ってんの？ 行きがかりで仕方なくやってんじゃないの。いいこと、<u>あの</u>若さで、全社員の生活に対する責任をしょい込まなくちゃいけないのよ。……」（女社長）

用例32の「伸子」のことは、話し手・聞き手ともに知っている。

### 4.2.3 「その」が使われる時

「その」が使われるのは、話し手・聞き手の指示対象に対する知識や関係よりも、表2-2の4）「聞き手が言ったことを指す」という照応先の要因が強くはたらく場合である。

・聞き手が言ったことを指す例（表2-2の ソ4 ）

33 〔話し手と聞き手は夫婦である。〕

「お前、戦争中の我家の食生活のことを、メモ風に書いてくれないか。献立表なら尚さらよいが、いちいち思い出すことは出来んだろう。明日でもメモ風に書いといてくれ」

「献立表と云うたって、ハコベのおひたし、ノビルのぬた。そんなことしか書けんでしょうが」

「それじゃよ、<u>その</u>散々な食生活のことじゃ。戦時下における閑間重松一家の、貧相この上もない食生活じゃ。……」（黒い雨）

用例33の「その散々な食生活」は、話し手と聞き手の戦争中の食生活を指していて、話し手・聞き手の指示対象とのかかわりの程度は同じである。聞き手が述べたことを自分は意味しているのだ、という文脈で「その」が使われている。聞き手が言ったことを強調するような文脈から判断して、「聞き手が言ったことを指す」という照応先の要因がはたらいて、「その」が選択されていると考えられる。

34 「ねえ、あなたどうしてあたしの名知ってた。」

「知ってるはずさ。あの子に聞いた。」

「あの子って。」

「なんとかいったね。あの駅前のなんでも屋の娘。さっき懐中電燈をもって、きみを送って来た子さ。」

「ああ、よっちゃん。」

「うむ、そのよっちゃんだ。」（かよい）

　用例34の「そのよっちゃん」は、話し手が最初に「あの子」と指した人物で、話し手・聞き手とも知っている人物である。聞き手が言った「よっちゃん」という名前を話し手は思い出そうとしていた、ということを伝える部分で「その」を使っており、「聞き手が言ったことを指す」という照応先の要因がはたらいて、「その」が選択されていると考えられる。

## 4.3　まとめ

　以上、1.のA・Bの要因、すなわち客観的な現実に起因する要因についてまとめると、表3-0のようになる。

　b 3）6）、c 2）4）は、照応先がコ・ソ・アの選択に関わるので、それを取り出して表にすると、表3-1のようになる。

## 5.　コ・ソ・アの近接性、領域性

　4.では、現実においてどのような存在のものをコ・ソ・アで指すのかということを考察した。話し手と指示対象との関係はさまざまでありうるのだが、話し手がコ・ソ・アを選択する際には、その関係を近接性・領域性でとらえなおして、言語に反映させていると考えられる。この近接性・領域性は、先行研究でも議論されてきたもので、現場指示と文脈指示との接点であると考えられる。

　5.では、文脈指示において、どのような近接性・領域性（＝とらえかた）によりコ・ソ・アが選択されるのかを、4.での考察をもとに考える。

表3-0　文脈指示のコソア

| 指示対象 | | コ・ソ・ア |
|---|---|---|
| a　（H−、K＋）話し手は知らないが、聞き手は直接知っているものごと ソa | | ソ |
| b　（H＋、K−）話し手は直接知っているが、聞き手は知らないものごと | 1）話し手・発話時に関係のあるものごと コ1 コ2 <br> 2）焦点化するものごと コ3 <br> 3）（照応先がコの選択に関わる−話し手がこれから言うこと）コ4 | コ |
| | 4）時間的または空間的に離れたものごと ア1 ア2 ア3 | ア |
| | 5）無標のソ ソ1 ソ2 <br> 6）（照応先がソの選択に関わる−聞き手が言ったこと−聞き手の発言内容を強調する）ソ3 | ソ |
| c　（H＋、K＋）両者が直接知っているものごと | 1）両者・発話時に関係のあるものごと コ5 コ6 コ7 <br> 2）（照応先がコの選択に関わる−話題になっているものごと−議論のテーマ）コ8 | コ |
| | 3）時間的または空間的に離れたものごと ア4 ア5 ア6 ア7 | ア |
| | 4）（照応先がソの選択に関わる−聞き手が言ったこと−聞き手の発言内容を強調する）ソ4 | ソ |
| d　（H−、K−）両者が直接知らないものごと ソd | | ソ |

## 5.1　現場指示における近接性・領域性

　ここでは、高橋・鈴木（1982）の現場指示の近接性・領域性に基づいて考察をすすめる。この研究に基づくのは、これが実験に基づいた実証的な研究であること、また、その後有力な異説が出ていないということによる。高橋・鈴木による実験の結果示された現場指示の近接性・領域性は、図1・図2のようになっている。

　図1は、話し手（H）と聞き手（K）が接近している場合で、話し手・聞き手に近いところがコ系（近称1―我々の領域）、コ系の外側がソ系（中称1）、さら

表3-1　文脈指示のコソア

| コ・ソ・アの選択の要因 | | コ・ソ・ア |
|---|---|---|
| a　（H−、K＋）話し手は知らないが、聞き手は直接知っているものごと ソa | | ソ |
| b　（H＋、K−）話し手は直接知っているが、聞き手は知らないものごと | 1）話し手・発話時に関係のあるものごと コ1 コ2 | コ |
| | 2）焦点化するものごと コ3 | |
| | 4）時間的または空間的に離れたものごと ア1 ア2 ア3 | ア |
| | 5）無標のソ ソ1 ソ2 | ソ |
| c　（H＋、K＋）両者が直接知っているものごと | 1）両者・発話時に関係のあるものごと コ5 コ6 コ7 | コ |
| | 3）時間的または空間的に離れたものごと ア4 ア5 ア6 ア7 | ア |
| d　（H−、K−）両者が直接知らないものごと ソd | | ソ |
| 照応先がコ・ソ・アの選択に関わる | b3）話し手がこれから言うこと コ4 | コ |
| | c2）話題になっているものごと（議論のテーマ） コ8 | |
| | b6）c4）聞き手が言ったこと（聞き手の発言内容を強調する） ソ3 ソ4 | ソ |

現場指示のコ・ソ・アの「場」（高橋・鈴木1982に基づいて作成）

図1　領域融合型　　　図2　領域対立型　　　　H：話し手　K：聞き手

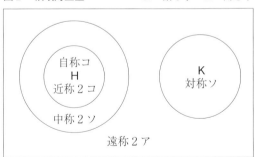

にその外側がア系（遠称1）である。（ただし、この図は抽象化されたモデル図であって、個々の現実をとってみると種々の条件により、図のような円形に截然と分割できるものではない。）

　図2は、話し手と聞き手が離れている場合で、話し手と聞き手はそれぞれの領域をもち、話し手に近いところがコ系（自称―話し手の領域）、聞き手に近いところがソ系（対称―聞き手の領域）となる。ただし、実験の結果では、話し手と聞き手との対立の中で対象を自称・対称というルールでとらえる一方、聞き手と関係なく、対象との距離によって近称・中称・遠称というルールでとらえるとらえ方が共存していると考えられ、話し手に近いところがコ系（近称2）、コ系の外側がソ系（中称2）、さらにその外側がア系という分割も存在するとしている。高橋・鈴木は、領域対立型の場合のア系は、話し手と聞き手との対立の中で現れるものではなく、話し手からの距離に基づいて現れるものだとしている（遠称2）。

　図2の自称と近称のコは、指示する空間的位置がほぼ同じなので区別しにくい。「あなたのソレと私のコレ」というように、対称のソと対立しているコは自称で、「私のうしろにあるソレと手元にあるコレ」というように、中称のソと対立しているコは近称である。整理すると、表4のような近接性・領域性が考えられる。

表4　現場指示のコ・ソ・アの領域

| 領域融合型（図1） | | | 領域対立型（図2） | | |
|---|---|---|---|---|---|
| コ | ソ | ア | コ | ソ | ア |
| 近称1 | 中称1 | 遠称1 | 自称<br>近称2 | 対称<br>中称2 | 遠称2 |

## 5.2　文脈指示と現場指示における近接性・領域性

　次に、文脈指示を、現場指示での近接性・領域性と関連づけて整理すると、表3-2のようになる。表3-1のコ・ソ・アの選択の要因（文脈指示）に相当する現場指示を右列に加えたものである。

表3−2の文脈指示のb2)「焦点化するものごと」は、話し手が述べたいくつかのものごとの中で焦点をあてて指示するものごとなので、聞き手との対立の中のコ（自称）ではなく、また領域融合型のコ（近称1）でもなく、近称2であると考えられる。

表3−2の文脈指示のd「両者が直接知らないものごとを指すソ」には、現場指示で相当するものがない（仮に「疎称のソ」としておく）。これは、現場指示の状況でいえば、両者が知覚できないものに相当するが、そのようなものを指示するということはないからである。

また、表3−2の文脈指示のx欄は、現場指示の領域融合型の中称ソ1には、文脈指示で相当するものがないことを示している。その他の部分では、現場指示と共通性の高い近接性・領域性が文脈指示の場合も認められる。

## 6. おわりに

文脈指示のコ・ソ・アの使いわけは、現場指示と同様、一定の「場面」から話し手により再構成された一定の「場」によって決まるのではないかという考えを出発点とし、〈場面→場→発話〉というプロセスの中で、観察可能な「場面」と「発話」を通して、コ・ソ・アの使われ方を考察してきた。そして、表3−2にコ・ソ・ア選択の要因を示し、現場指示との関係を考えた。私たちがコ・ソ・アを使うとき、表3−2にあるような複雑なことを考えていないという見方もあるかもしれない。しかし、私たちが言葉を使うときは、かなり複雑な要因を一瞬のうちに直感的に、そして直線的に コ1 なら コ1 の要因を判断し「この」を使っているのだと考えられる。

また、表3−2に示したように、文脈指示でも、現場指示と共通性の高い「場」が構成されていると考えられる。現場指示の場合、コ・ソ・アの使い分けに大きく関係しているのは、話し手・聞き手・指示対象の三者の距離関係である。文脈指示の場合は、話し手・聞き手・指示対象の三者の現実でのかかわりかたや照応先が、コ・ソ・アの使い分けに関係している。現場指示と文脈指示とでは、コ・ソ・アの使い分けにかかわる客観的な「場面」に大きな違いがあるにもかかわらず、同じコ・ソ・アという言葉が使われるのは、現場指示と文脈指示とで共通性の高い「場」が構成されているからだと考えることができる。例

表3-2　文脈指示と現場指示のコ・ソ・ア

| 文脈指示の「場面」 コ・ソ・アの選択の要因 | | 「場」 コソア | 現場指示の「場面」 コ・ソ・アの選択の要因 |
|---|---|---|---|
| a　（H－、K＋）話し手は知らないが、聞き手は直接知っているものごと ソa | | 対称ソ | 領域対立型（図2）で、聞き手に近いところのもの |
| b　（H＋、K－）話し手は直接知っているが、聞き手は知らないものごと | 1）話し手・発話時に関係のあるものごと コ1 コ2 | 自称コ | 領域対立型（図2）で、話し手に近いところのもの |
| | 2）焦点化するものごと コ3 | 近称2コ | 領域対立型（図2）で、話し手に近いところのもの |
| | 4）時間的または空間的に離れたものごと ア1 ア2 ア3 | 遠称2ア | 領域対立型（図2）で、話し手から遠いところのもの |
| | 5）無標のソ ソ1 ソ2 | 中称2ソ | 領域対立型（図2）で、話し手から少し離れたもの |
| c　（H＋、K＋）両者が直接知っているものごと | 1）両者・発話時に関係のあるものごと コ5 コ6 コ7 | 近称1コ | 領域融合型（図1）で、話し手・聞き手に近いところのもの |
| | 3）時間的または空間的に離れたものごと ア4 ア5 ア6 ア7 | 遠称1ア | 領域融合型（図1）で、話し手・聞き手から遠いところのもの |
| d　（H－、K－）両者が直接知らないものごと ソd | | （疎称ソ） | 相当するものがない |
| 照応先がコ・ソ・アの選択に関わる | b3）話し手がこれから言うこと コ4 | 自称コ | 領域対立型（図2）で、話し手に近いところのもの |
| | c2）話題になっているものごと（議論のテーマ）コ8 | 近称1コ | 領域融合型（図1）で、話し手・聞き手に近いところのもの |
| | b6）c4）聞き手が言ったこと（聞き手の発言内容を強調する）ソ3 ソ4 | 対称ソ | 領域対立型（図2）で、聞き手に近いところのもの |
| x　相当するものがない | | 中称1ソ | 領域融合型（図1）で、話し手・聞き手から少し離れたところのもの |

えば、相手が手にもっているものをソで指し、また相手が言ったこと・相手に関係することを同じソで指すのは、同じ「対称」という領域・とらえかた＝「場」が、現場指示の場合も文脈指示の場合も、「場面」と「発話」の間に介在しているからだと考えられる。

　「場」は、個々の客観的な「場面」の条件に応じて作られる。例えば、自分の発話時の気持ちを指すのに遠称のアを使うことはできず、自称のコが使われる。主体的な「場」は話し手のとらえかたに関係するとはいっても、話し手が全く自由に「場」を構成することができるわけではなく、「場」の構成には一定のきまりがある。このきまりは、どのようなものを指すときにどのような領域ができるかというもので、表3-2にまとめてあるものである。

　以上、会話文における文脈指示のコ・ソ・ア選択の基準や「場」を現場指示との関連のうえで、部分的にではなく全体的に把握できたのではないかと考える。なお、4章の「書き言葉における文脈指示」では、読み手の存在は会話のときの聞き手ほど意識されず、領域融合型でもなく領域対立型でもない、単に近接的なコと非近接的なソの対立としてとらえた。図1領域融合型の聞き手が存在しない型である。近称のコと中称のソの対立と言える。

第6章

# 接続詞「それが」の意味・用法について

**要旨**

　接続詞としての「それが」について、用例約650例をもとに、その意味・用
法を分析、考察した。A「それが」の前後が同一話者の場合と、B「それが」
が相手の発話を受け、話し手自身の発話につなげる場合とに分け、Aには３つ
の用法があること、Bには４つの用法があることを述べ、それまで明らかに
なっていなかった用法についても論じた。Bでは、「それが」が他の逆接の接
続詞にはない談話機能をもっていることを述べた。

【キーワード】接続詞　それが　対比　逆接　添加　談話機能

## 1. はじめに

　まず、次のような「それが」の用例をみてみる。

　１）以前、このあたりを、夜に通ったが、暗い道だった。<u>それが</u>、いまは街
　　　灯が立ちならんで、通りは昼間のようにあかるかった。（まだ）

　２）「預かり証の控えはお持ちですか？」

　　　「<u>それが</u>、財布ごと落っことしちゃって。すみません」（ジーンズ）

　１）の２文目は「街灯が」「通りは」と主語があるので、「それが」は独立成
分の接続語、品詞としては文と文を接続する接続詞と認められる。

　２）の「それが」も独立成分である。品詞としては、相手の発話を受け、話
し手自身の発話につなげる接続詞で、応答詞（品詞としては感動詞）的な性格も
もっている。

　このような「それが」は、国立国語研究所（1951）で「接続詞的用法」とし
てあげられ、青木（1973）では「接続詞的語彙」、市川（1978）では「接続詞」
としてあげられている。

次の3）4）のように、主語あるいは補語ともとれる「それが」も多い。

3）レコードプレーヤーは1975年以降毎年100万台以上売れていた。<u>それが</u>
CDの登場によって次第にシェアをうばわれ、89年には前年の135万台から
55万台に減り、92年には5万2000台まで落ち込んだ。（毎日95.1.10）

3）の「それが」は接続語とも、「うばわれ」の主語とも考えられる。

4）「本当に、言葉が出て来たの？」

「ルーマニア語だ」

「どんな」

「<u>それが</u>、何とも判らないもので、センデス・ヴォイクなら、理解出来る
かもしれない。……」（百年）

4）の「それが」が「出て来た言葉」を指し、「判らない」の補語となって
いるのか、あるいは接続語であるのか、判別は難しい。「それが」のあとに読
点があるので、作者は独立成分という意識で書いているのかもしれない。

本稿では、主語や補語が他に示されるか、あるいは意味の上から「それが」
が独立成分であることが明らかな用例約650例をもとに、その意味・用法につ
いてまとめる。接続詞「それが」が、前後をどのような意味関係で接続してい
るかを全体的にかつ詳細にみることを目的とする。「それがね」「それがよ」「そ
れがさ」「それがです」の形も含む。

## 2. 先行研究

国研（1951）では、格助詞〈が〉の中の「①主語を表す」の項に「それが」
をおいて、「接続詞的用法」としている。ここでは、「それが」が前後をどうい
う関係で接続しているかについては述べていない。

接続詞としての「それが」をあげているのは市川（1978）で、接続詞の分類
の中で「①二つの事柄を論理的に結びつけて述べるのに用いる」の中の「逆接」
―〔意外〕の項に「それが」をあげている。しかし、それ以上の詳しい説明は
ない。

浜田（1993）では、「それが」を「接続語」と呼び、その特徴として次のよう

なものをあげている。①対話で相手の発話を受ける場合、話し手は相手の発話内容を予め予想している。②「それが」に続く文の述語は「話者関与性」が低くなければならず、表出のモダリティー（ホシイなど）・ダロウ・カモシレナイ・ニチガイナイや話者の心理・感情・判断・態度の表現がくることができない。③継続的変化を描写する文脈に頻出する。④「それが」のあとに重要な情報を追加する、逆接であるとは断定しにくい用法もある。

　この浜田の論文で「それが」についてより具体的な記述がなされたが、多くの用例にもとづいて「それが」の用法を記述しているのではない。

　そのほかに、接続詞「それが」の前後の意味関係に関するものとして、次のような先行研究があげられる。

　　・庵（1996）：「それが」は、「予測裏切り的関係」を表示する。
　　・赤羽根（2001）：「それが」による接続は、後件を前件とは甚だしく異なる
　　　事態として位置づける「落差の接続」である。

　以上にあげた先行研究は、「それが」の性格を大きくみるタイプのものであるが、本稿では、約650用例をより詳細に性格の異なるものに分けて、「それが」の意味・用法をみていく。

## 3. 「それが」の意味・用法

　本稿では、

　　A　「それが」の前後が同一話者の場合
　　B　「それが」が相手の発話を受け、話し手自身の発話につなげる場合

の二つの場合にわけて用例を調べた。Aの場合というのは、用例1）のようなものである。また、Bの場合というのは、用例2）のような例である。用例調査の結果、「それが」の意味・用法は表1のようにまとめられた。Aの場合は、佐竹（1986）があげている「否定系接続詞」（シカシ・ガ・ケレドモ・ダガなどの逆接の接続詞）の前後の意味関係（表2）を参考にした。

　次に、表1の意味・用法ごとに用例を見ていく。

表1　「それが」の用法

| A　前後が同一話者の場合　約300例 | |
|---|---|
| （1）対比関係　186 | ①　変化の対比関係　用例数171 |
| | ②　並立的対比関係　15 |
| （2）逆接関係　72 | ①　予想・期待・希望が実現しない　32 |
| | ②　当然のことが実現しない　18 |
| | ③　因果関係が成立しない　16 |
| | ④　意図・目的が実現しない　6 |
| （3）添加関係　47 | 否定的添加／予想されないことを添加する／補足的添加／事情・理由の添加 |

| B　相手の発話を受け、話し手自身の発話につなげる場合　約350例 |
|---|
| （1）「質問・確認要求 － 応答」の関係　234 |
| （2）「はたらきかけ － 断り」の関係　35 |
| （3）「述べ立て（心情や見解、事実を述べる）－ 説明添加」の関係　59 |
| （4）応答詞としての性格が強いもの　20 |

表2　「否定系接続詞」（佐竹1986）（参考）

| 一　対比関係 |
|---|
| 二　否定的継起関係 |
| 三　否定的累加関係<br>（1）前件とは別の側面・見方<br>（2）前件についてのイメージの否定<br>（3）前件についての否定的・批判的な説明<br>（4）前件の評価に対して対立的な評価 |
| 四　逆接関係<br>（1）意図・目的が実現しない<br>（2）希望・期待が実現しない<br>（3）当然の事柄が実現しない<br>（4）因果関係が成立しない |
| 五　話題をかえる |

## 3.1 前後が同一話者の場合

### （1）対比関係

### ①変化の対比関係

　「それが」の前後で、一つのものごとの変化前と変化後の描写がなされる。時間的順序は、前件－後件である。Aの「前後が同一話者の場合」では、この用法が最も多い。次の１）では、前件の「以前」と後件の「いまは」、前件の「暗い」と後件の「あかるかった」のように、前件と後件に対応する部分があり、前後件を対比させている。話者の意図は対比にある。

　　１）<u>以前</u>、このあたりを、夜に通ったが、<u>暗い</u>道だった。<u>それが</u>、いまは街
　　　　灯が立ちならんで、通りは昼間のように<u>あかるかった</u>。（まだ）

　　５）京都市から北へ車で一時間半、丹波山地にある京都府美山町も一万の人
　　　　口が半減した町。<u>それが</u>近年、若者のUターンや移住者の増加で、乳幼児
　　　　の泣き声が戻り、昨年は人口が増勢に転じた。（毎日95.1.4）

　　６）痛みは感覚ですが、個人の主観に左右される情動の側面もあるために科
　　　　学的な研究が難しかったのです。<u>それが</u>、この七、八年の間に動物実験や
　　　　人の観察などを通じてそのメカニズムの解明が進みました。（読売97.9.27）

　　７）矢代さんは劇中の女性を通して、「魔性と聖性」という人間の両極端の
　　　　心の葛藤を絶えず探っていた。<u>それが</u>「弥々」では、人間を見る目にいと
　　　　おしさが加わり、それまでの劇的な対立を描いた作品に比べ、深みが増し
　　　　てきていた。（朝日98.01.12）

　　８）二十五年前からわが家は年に一度浅草の松屋の写真館で家族写真を撮っ
　　　　てもらっていた。撮影日は植木市、ほおずき市、羽子板市などの行事に合
　　　　わせて浅草風物も同時に愉しむことにしていた。<u>それが</u>十七年前から銀座
　　　　松屋にもスタジオができたので浅草から足が遠のいてしまった。（東京）

　次の２例のように、後件で突然のできごとが起こったことを述べるものもある。これは、ある状態であったところにできごとがおこるという変化である。

　　９）〔駿介には、志村や哲造の消息がわからなかった。〕その頃は志村ももう
　　　　駿介の視界にはいなかったし、もしいたとしても志村と哲造との思想上の
　　　　隔りから、志村を通して哲造を知ることも出来なかったであろう。<u>それが</u>

駿介が高等学校の二年の時、ある日突然哲造が訪ねて来た。(生活)

10）また何かあれば、再び会って、一緒に歩みはじめるかもしれない。だが、
それまでは離れていた方がいい。必要ならば、偶然という名の必然が、ま
た互いにふたりを呼び寄せてくれるだろう。私はそう思っていた。

　　それが今日、急に内藤と会うことになったのは、私が一週間前にラスベ
ガスでヘビー級の元世界チャンピオンたちのうら哀しい姿を見たことが直
接の原因だったかもしれない。(一瞬)


## ②並立的対比関係

　前件と後件を対比させる。①とは違って、前件と後件の時間的前後関係はな
い。次の用例では、被疑者の人権について、アメリカと日本の場合を対比させ
ている。

11）「アメリカでは、……密室の取調は心理的強制を受けるからいけない、
黙秘権と弁護人の尋問立会権・選任権を告げ、被疑者が明示の意思表示を
もって弁護人の立会を放棄しない限り弁護人が来るまで取り調べてはいけ
ないことになっています。それが日本じゃ、いきなり密室に連れこみ、弁
護人もなしで、やいのやいのと責めたてるんですからね」(湿原)


　上の用例では、前件の「アメリカ」「密室はいけない」「弁護人が必要」とい
う内容に対して、後件は「日本」「密室に連れ込み」「弁護人もなし」と対応す
る部分があり、前件と後件を対比している。

　次の用例では、ロスアンジェルスとニューヨークの空を対比させている。

12）何もかも扁平で、市街地図のように出来たロスアンジェルス、上を向か
なくても、空はずっと眼前に展がっている。それが、このニューヨークの
空は、高い建物の間にちょこっと、建物の間に走っている道路と同じ形を
しているのだから。(過越し)

13）「ヤス。おめえ、身ゼニを切ってたな」

　　「え、そんなこたァ、ありやせん」

　　「いや、違えねえ。商売が悪けりゃ悪いで、じゃあ今月はこれだけ、って
え相談があるのがスジだ。他のエダはみんなそう言って頭を下げてきてい

る。<u>それが</u>おめえの所だけ、先月までキッチリ二千万ずつ詰めて、今月は
ゼニがねえってのは、てめえの財布がカラになった証拠じゃねえか」（真
夜中）

次の用例は、後件が話し手の動作とともに示されている。

14）「じゃあ、〔永平寺参禅は〕あまり役には立たなかった？」
「そう、でもないんです。座禅以外に、例えば作務としてやる便所掃除で
すけど」
「普通こうして床を拭くでしょ、<u>それが</u>」
　両足を開いて踏ん張り、前屈姿勢のまま伸ばした両手で大きく床を拭く。
「ね、このやり方でタイルはもちろん、便器の中までピカピカに磨き上げ
るんです」（錦）


## （2）逆接関係
### ①予想・期待・希望が実現しない

　前件である人物や語り手の予想・期待・希望が述べられ、後件でそれに反す
る結果が述べられる。次の2例では、予想に反する結果が後件に述べられてい
る。

15）下人は、始めから、この上にいる者は、死人ばかりだと高を括っていた。
<u>それが</u>、梯子を二三段上って見ると、上では誰か火をとぼして、しかもそ
の火を其処此処と、動かしているらしい。（羅生門）

16）……もう秋であった。
　　象山は思った。
「暑さがあのようでは、寒さもひどい事であろう、ひょっとするとこの冬
は牢内で死ぬかも知れない」
　　<u>それが</u>出しぬけに罪が定まり、思いもかけず九月十八日、牢を出された
時は流石の象山も夢を見ているのであるまいかと思った。（おとこ鷹）

次の2例では、期待・希望に反する結果が後件に述べられている。

17）そして、クリスマスの休暇を利用して、〔良人の〕宮村がこの雪のなか

で休息するつもりで来てくれたならば、ルネ夫人にも紹介して、療養所の友人たちにも良人の偉さを見てもらいたいと、秘かに考えて待っていた……

　<u>それが</u>、もう今日来るか明日来るかと心待ちにするころになって、突然来れなくなったという通知を受けた。(巴里)

18) 大会前の試技会で、チームは独自の採点ながら合計179点台をマーク。アトランタ五輪代表の菅原、橋口のいる日体大でも178点台と踏んでいた塚原コーチは「今年もいける」と思って試合に臨んだ。<u>それが</u>、1種目目の段違い平行棒でいきなりアクシデント。大杉が落下し、口を切る。大杉は、歯を食いしばって好演技を続けたが、チームは動揺した。平均台やゆかでも落下やしりもちのミス。(朝日97.11.23)


次の用例では、予想していなかったことが実現したということが、「それが」のあとで述べられる。

19) つい十日ほど前までは、誰一人振り向こうとしないボロ株の東部ゴムを、いまこうして自分が買うようになろうなどとは、夢にも思っていなかった。<u>それが</u>わずか十日のあいだに、東部ゴム株買占めの主役として自分が活躍をはじめた。(買い占め)


次の用例では、期待していなかったことが実現したということが、「それが」のあとで述べられる。

20) この紡績会社の建物の一つに導かれたときから、そして設備の悪い控え室を楽屋としてあてがわれたときから、彼らは誰も観客に対しては何も期待していなかったのだ。

　<u>それが</u>、楽屋にまで観客のどよめきが伝わってきている。

　観客席には、男女工員を始めとして、社員、その家族、また娯楽に乏しい近隣の住人たちが時間前に満員になるほど詰めかけてきていたのだった。

（人形）

②当然のことが実現しない

　前件で当然だと考えることや義務が述べられ、後件でそれが実現しないこと
が述べられる。

21)〈本来なら──〉と、西沢はおもった。エレベーターを占領した夫婦連
　　れやアベックのように、妻の京子とともに幸せそうな表情で、食事に向う
　　こともできたはずなのだ。それが、二人とも人生の歯車が狂いはじめた。

（社命）

22)若い男と女がいっしょになにをしていようと、そんなものを見たぐらい
　　のことで、ばかばかしい、どうおもうわけもないんだが、それが猛烈に嫉
　　妬した。（処女）

23)教師というのは聖職ですよ。聖職を聖職として実行してこそ、世間の尊
　　敬も受けられるわけじゃあないですか。それがあんた、今ごろの教師は何
　　です。やれ賃上げ闘争だ、やれデモ行進だ、やれ反対運動だ。……まるで
　　工場の職工と同じじゃないですか。（人間）

24)ところで当時、官軍内部のとりきめとして、行軍の先鋒を毎日、各藩交
　　代でつとめることになっており、この二十二日は長州が先鋒のはずであっ
　　た。それが川村隊の突進のために序列がくずれて、前日につづいて薩摩が
　　先鋒をとったかたちになり、長州はあとへまわった。（流離）


③因果関係が成立しない

　前件またはその一部を原因・理由としたとき、予想される順当な結果に反す
る事柄が後件にくる。

25)当日、和歌山市内のあちこちの電柱や壁に"紀陽銀行が危ない"という
　　貼り紙があったことが判明したものの、それがなぜ和歌山でなく大阪市内
　　の支店に集中的な取り付け騒ぎが起きたかはわからなかった。（ポスト
　　97.12.12）


　上の用例のように、「それがなぜ（どうして）」となるものが目立つ。

26)上京して最初に居を構えた渋谷のアパートが神宮内苑とは目と鼻の先と
　　はいわないまでも、そう遠くない、歩いて行ける距離にあったことにも驚

いた。<u>それが</u>どうして今日までそのリアルな存在に気づかなかったのだろう、と思うと悔しさが込み上げてくるのだった。（東京）

次の2例のように、「どうした訳か」「どうした巡り合わせか」とともに使われるものもある。

27）また其処の家の美しいのは夜だった。寺町通は一体に賑かな通りで──と云って感じは東京や大阪よりはずっと澄んでいるが──飾窓の光がおびただしく街路へ流れ出ている。<u>それが</u>どうした訳かその店頭の周囲だけが妙に暗いのだ。（檸檬）

28）何を隠そう、僕はこの秋に60歳になる。定年を数カ月後に控えた老人というか、熟年というか、早い話が年寄りである。
　　<u>それが</u>どうした巡り合わせか、ロッククライミングに挑戦しなければならなくなった。中学生のころからの友人の挑発に乗ってしまったからである。（スポ04.06.09）

#### ④意図・目的が実現しない

前件で意図・目的が述べられ、後件でそれが実現しなかったことが述べられる。

29）彼のところは別居までいって、もう離婚するつもりだったんだって。<u>それが</u>、別の女のことが記事になって出ちゃったもんだから、奥さんが意地になって、離婚しないって気持ちを変えたらしい。（フォ97.01.15）

30）〔高松藩の小泉主膳は、勤王の志をもっていたが、元来が親藩（高松藩は佐幕派）であった。〕……が、せめてこうした大切な時に、一藩の向背だけは誤らせたくないという憂国の志は、持っていた。<u>それが</u>、今日の城中の会議で、とうとう藩論は、主戦に決してしまったのである。これでは、正しく朝敵である。（仇討）

上の用例は、高松藩が誤った方向に進まないようにしたいという小泉主膳の思いとは反対の方向にものごとが進んでいることを述べている部分である。

31）容堂にしてみれば、春嶽とは慶喜の将軍擁立運動で一緒に安政の大獄に

連坐させられて以来の盟友であり、また宇和島の伊達家は山内氏の親戚筋で代々おたがいに助け合ってきた仲で、公武合体はこの三者〔山内容堂・松平春嶽・伊達宗城〕共通の意志であった。<u>それが</u>、島津久光の前では、春嶽も伊達宗城も、ほとんど口を差しはさむこともできない有様なのである。（流離）

## （3）添加関係

　前件に関する情報を後件に加えるものである。前件に述べられたものごとの状態・状況・理由などを後件に加える。前件から推測されることに反する内容が後件で述べられるという点では、（2）の逆接関係に近いともいえる。

○否定的添加

　次の3例は、「しかし」などの逆接の接続詞で置き換えても、文として成立する。前件から予想されることに反する内容を後件に加える。

32）「〔宮村は〕須磨の敦盛塚から高取山、摩耶山、六甲山、東六甲、宝塚と、五十キロの神戸アルプスを一日で縦走したり、このごろは、さかんに北アルプス方面にもでかけているようだ。<u>それがね</u>、いつもひとりなんだ。どうもおれには、宮村君は加藤君〔＝聞き手，いつも単独行〕のあとを追っているように思えてならない」（孤高）

33）「あの、ちよつとお願ひがあつてうかがつたんですが……」といふ客の声はおみのには聞いたことのない声で、しかも相当に年とつた女らしかつた。

　　<u>それが</u>、しばらく聞いてゐると、客は、一人でなくて、子供をつれてゐるらしかつた。（子を）

　上の用例は、おみのは、最初客が子連れだとは思わなかったが、子供を連れているらしい、という文脈である。

34）後甲板には，ロシアの役者が大ぜい乗っていた。<u>それが</u>男は、たいてい、うすぎたない日本の浴衣をひっかけている。いつか本郷座へ出た連中であるが、こうして日のかんかん照りつける甲板に、だらしのない浴衣がけで、集っているのを見ると、はなはだ、ふるわない。（出帆）

○予想されないことを添加する

　次の２例の「それが」は、「ところが」で言え、また「そして」でも言うことができる。「それが」では、予想されない事態を添加する意味が表される。

　35）半年あまり彼は病院を転々としてくらしていた。しかし、何処へ行ってもよくなる徴候は見えなかった。それよりも田舎の病院生活でわるいことをおぼえてしまった。それは、あるときの応急手当でモルヒネの注射をしたことだった。それが、今となると、半日もモルヒネなしでくらすことができなくなっていた。（人生・青春）

　36）「……椿の葉が二枚こぼれて来た。その椿の葉には二枚とも、虫の食った跡が残っている。それが一つには帰雁とあり、一つには二とあったそうじゃ。合せて読めば帰雁二となる、──こんな事が嬉しいのか、康頼は翌日得々と、おれにもその葉を見せなぞした。……」（俊寛）


○補足的添加

　次の３例は、前件と同様のことを後件に加える例で、「それが」は「しかも」に近い。

　37）稽古は猛烈峻厳をきわめ、いかなる門人といえども容赦なく打ちすえ、叩きのめす。それがまた一言のはげましの声すらなく、びしびしとやってのけるのだから、たまったものではない。（剣客）


　上の用例では「それがまた」というように、接続詞が二重に用いられている。前件の「容赦なく打ちすえ、叩きのめす」という厳しい状況に、さらに厳しい状況を後件で述べている。

　38）「……ただの椅子やテーブルには違いないし、親方の雛形の真似をして弟子も作ったものなんでしょうが、今の職人には出せない美しい線や、模様を出している。それが行く先々の田舎で、特色のあるものに、ぶつかるんですから驚きましたね。……」（宗方）


　上の用例では、前件の「美しい線や、模様」という驚くようなことに、さらに、驚くようなことを後件に述べている。

39)〔岡崎の町の〕当時の有力者はこの一里あまりの道の両側がみるみるうちに人家によって埋められ、数年経たぬうちに大岡崎の出現することを信じていたらしい。ところが予想はことごとくあてがはずれて、鉄道馬車が電車に代る頃になっても桑畑と田圃のうねりつづく丘と窪地にあたらしい市街が出来そうな気配は少しも見えなかった。<u>それが</u>二十年を過ぎた今でも沿道の風景にはほとんど変るところがないのである。（人生・風雲）

上の用例では、前件と同じ状況が、後件でも述べられている。

## ○事情・理由の添加

次の4例は、後件に事情・理由を加えるもので、「というのは」に近いものである。

40)「……実はこういうわけだよ、あのひとを宿屋に残して僕だけが」

戸田先生はぐっと唾液をのみこんだ。「ひと足さきにかえってきたんだよ、<u>それが</u>君、酒と賭博でくらしているうちに、どうにも身動きがとれなくなってしまったんだよ、……到頭二人はわかれわかれに生きなけりゃならない人間だということがやっとわかったんだよ、……」（人生・愛欲）

41)「私の娘なんかほんとうにひどい目に逢って大怪我までさせられちゃったんですよ。<u>それが</u>あなた、他人ならまだいいけど、従妹同士の女に亭主を寝取られてね。どうしても離婚しろって責め立てた上に刃物三昧までやったんです。……」（食卓）

42)「まア、もう一杯飲め、――それで何だい、その失策というのは？」

「それが君、一口には言えんことで」

「女のことだな？」

「まア、そういうわけやが、<u>それが</u>君、相手がよくなかったんや」（人生・愛欲）

43)「うちの煮込みは特別うまいんでね。　　この鍋のなかに入ってるのは、松阪牛のモツなんだよ。何とか婆さんて有名なのが松阪にいてギュウにビールを飲ませたり、焼酎でマッサージしたりって聞くだろ。あのギュウだよ。天下一品よ。<u>それが</u>ね、ヘレのところは帝国ホテルとかどことかへ

いって、モツはうちへくるんですよ。うまいはずさ。……」（新しい）

## 3.2 相手の発話を受け、話し手自身の発話につなげる場合

相手のさまざまな発話内容に対して、なんらかの説明を「それが」のあとに述べる。相手の発話内容と話し手の発話内容を接続する接続詞として機能するとともに、相手の発話を受ける応答詞（品詞としては感動詞）的な性格をもつ。

### （1）「質問・確認要求 － 応答」の関係

相手の質問や確認要求を「それが」で受ける。「それが」のあとに、相手にとって意外な状況を加えたり、相手の質問に対して否定的な答えやその状況などを加えたりする。

44)「そうしたら何て言った？」

と有島がきいた。

「それがね、怒るかと思ったら、ペコンと頭を下げてすみませんて言うの……」（食卓）

45) 三枝の夫人は肯いて、「主人は理由を申しましたでしょうか？」

「それが、いくら伺っても教えて下さらないのです。奥様はご存知でいらっしゃいますか？」（女社長）

46)「町内の人のような顔をして逃げたんだ。恐ろしく落着いた野郎だ。年恰好、人相、着物などを見なかったか」

「それが親分、下手人と解れば見て置いたんだが――」（銭形）

次の2例では、確認を求める発話を「それが」で受けている。

47)「あら、だって〔あなたのお母さんは〕翻訳なんかしてるんじゃ、ペンより重いものは持ったことないんでしょ」

「それが、そうじゃないんだな。彼女は強欲だからね。じゃがいも一袋あげるわ、なんて言われると、前後の見さかいもなく、《本当ですか。嬉しいわ》なんて言っちゃう。どうやって持って帰るか、なんてことは考えないんだ」（太郎）

48)「……ところで、近頃、矢沢さんは、いらっしゃらないんですか」

「ええ、ここしばらく」

「お元気なんでしょうね」

「<u>それが</u>、あんまりお元気じゃァないんですのよ」(停年)


　次の用例は、同意を求める発話を「それが」で受け、事情の説明を加えている。（３）「述べ立て（心情や見解、事実を述べる）－説明添加」に近い。

　49)「構わんですとも私は一向構いません。然しあの大頭が艶書をかいたと

　　　云うには、少し驚ろきますね」

　　「<u>それが</u>さ。冗談にしたんだよ。あの娘がハイカラで生意気だから、から

　　　かってやろうって、三人が共同して……」(吾輩)


## （２）「はたらきかけ － 断り」の関係

　相手のはたらきかけを「それが」で受ける。「それが」のあとに、相手のはたらきかけを断るための理由や状況を加える。

　次の２例では、勧めを表す発話を「それが」で受け、「それが」のあとに相手の勧めを受け入れられない事情を述べている。

　50)「面会に来いと言ってやればいいじゃないか」

　　「<u>それが</u>、来れないらしい」(冬の旅)

　51)「……明日の朝〔手術を〕やって、それから〔出て行った妻のところへ〕

　　　発とう」

　　「〔奥さんに〕電話くらいかけちゃあどうだい」

　　「<u>それが</u>だ、移転して、電話番号がわからないんでね」

　　「それじゃどこへ発つんだ」

　　「前のマンションの近くにある不動産屋へ行けばわかるんだ」(さきに)


　次の用例では、相手の提案（さそいかけ）を表す発話を「それが」で受け、そのあとに相手の提案を受け入れられない理由を述べている。

　52)「ちょっときみに話したいこともあるのでね」

　　　北村安春はそういって歩き出した。

　　「それなら歩きながら聞こうか、どうせきみも、これから会社へ行くんだ

ろう」

「それが歩きながら話すような話ではないのだ。きみに取っては一生の問題になるような話なのだ」（孤高）


　次の２例では、依頼を表す発話を「それが」で受け、「それが」のあとに相手の依頼にこたえられない理由を述べている。

53）「河豚の残りがあるだろう、生でも煮たのでも構わねえ、チョイと見せて貰おうか」

　　　平次は妙に執拗に突っ込みます。

「それが、その残ったのを、皆んな竹の皮に包んで持って行ってしまいました」（銭形）

54）「ともかく尾島君に代わってくれ」

「それが──本日は休んでおりまして」（女社長）


　次の用例では、「くわしく話してください」という相手の依頼に対して、依頼どおりにできないことを「それが」の後で述べ、続けて相手に声をかけた理由を述べている。

55）警察官「くわしく話してください」

　　　　男　「いや、それがあまり、くわしくはないのですが」

　　　　　　と男は頭をかいて、

　　　　　　「果物を買っているときに〔相手が心中事件について聞き込みをしているのを〕聞いたものですから、私の話もご参考までに、と思ってその気になっただけです」

　　　警察官「いや、結構です。どうぞおっしゃってください」（点と線）


## （３）「述べ立て（心情や見解、事実を述べる）－説明添加」の関係

　「それが」のあとに、相手の発話内容に対する説明を加えるもので、相手の発話内容を否定する内容であったり、意外な内容であったりする。

　次の４例では、相手の発話内容を否定する内容を「それが」のあとに加えている。

56)「今日はお誕生日、おめでとうございます」

　　太郎は慎んで言った。

　「いいえ、<u>それが</u>、誕生日でも何でもないんですのよ。茂呂はすぐでたらめ言いますの。……」(太郎)

57)「妙な方だわあの人。一度さようならと仰言って外へ出てから、また戻っていらして、今度上海へ行くことになりましたから、そう仰言って下さいって」

　「何も妙なことないね」

　「<u>それが</u>、どことなくおかしいのよ。……」(旅愁)

58)村木新社長がいった。「やっと、ブラウン麦酒が極秘に資金の面倒をみてくれることになった」

　「それはよかったですね」

　西沢は、皮肉な語調でいった。

　「<u>それが</u>よくない」

　「どうして、また?」(社命)

59)「また聞きだから、真相は分らないけれど、加藤は燕山荘を朝発って、……穂高小屋には、まだ明るいうちにつき、その翌日は奥穂から前穂を朝食前に往復して西穂をやって上高地へ下山している」

　「相当な足の速さだな、それでは眺めるなんてひまはないだろう、ただ歩きに歩いたってところだね」

　　その批判に対して能戸正次郎は、

　「<u>それが</u>、ただ歩くだけではなかったらしいんだ。彼は歩く行程中に含まれている山のいただきには必ず立寄っている。槍ヶ岳の頂上には小一時間もいて、じっと考えこんでいたらしい」(孤高)

　次の2例は、「それが」のあとに意外な内容や詳細な説明を加える例である。

60)「嫁御に出すであろうな」

　「あんなもの〔話し手はその兄〕でも貰って下さるお方があれば父母もよろこんで差上げるでありましょう」

　「うむ。<u>それが</u>貰いたい者があるのだ」(おとこ)

61)「わたしがこんな歌をつくったのはめずらしいでしょう」と半蔵が言い
出した。

「しかし、宮川先生の旧い弟子仲間では、半蔵さんは歌の詠める人だと思っ
ていましたよ」と香蔵が答える。

「それがです、自分でも物になるかと思い初めたのは、横須賀の旅からで
す。あの旅が歌を引き出したんですね。詠んで見たら、自分にも詠める」
（夜明け）

## （4）応答詞としての性格が強いもの

「それが」のあとに、節・文・連文が接続されないもので、相手の質問に対
して、否定的な答えや不都合な答えを予測させたり、ためらいの気持ちを表す
はたらきをもつ。「それが、どうも……」「それが、その……」「いいえ、それ
が……」と使われるものもある。

62)「残念だったな、――都合によったら明日にでも行ってみましょう、そ
れで、横浜の話はどうなんです？」

「ええ、それが」

「何かあったんですか？」（人生・風雲）

63)「魏しゅうどのは、まだなかにいるのか」

「それが……」

そう〔＝人名〕はいいよどんだ。それから、あとでお話しします、といっ
た。（沙中）

64)「で、もう次の就職先が決ったのかね」

「それが、どうも……」

「まだなのか」

「困っているんです」（停年）

65)「ところで、この脇差に見覚えはありませんか」

平次が、無気味な脇差を引っこ抜いて主人に見せました。

「それが、その」

栄右衛門は妙に答えを躊躇すると、

「父さん、皆んな申上げた方が宜いでしょう。どうせわかることだし、兄

さんは一昨日から居ないんだから」（銭形）

## 4. まとめ

　接続詞「それが」は、市川（1978）の言うように逆接の接続詞に分類されるものである。本稿「**3.1 前後が同一話者の場合**」の（1）対比関係（2）逆接関係 の用法は、他の逆接の接続詞で置き換えても、細かい意味合いは変わるものの、文として成立する。

　また、浜田（1993）の言うように、「それが」のあとに重要な情報を追加する、逆接であるとは断定しにくい用法もある。例えば、「**3.1 前後が同一話者の場合**」の（3）添加関係 の37）〜43）のような用例で、補足的添加／事情・理由の添加 などである。

　さらに、本稿「**3.2 相手の発話を受け、話し手自身の発話につなげる場合**」では、他の逆接の接続詞にはない談話機能をもっていることがわかった。

第7章

# 逆条件節をつくる形式
## ―― ―テモ・〜トシテモ・ニシテモ・ニセヨ［ニシロ］――

### 要旨

逆条件節をつくる ―テモ・〜トシテモ・ニシテモ・ニセヨ［ニシロ］の４形式について、①各形式の品詞的位置づけ ②各形式がつくる逆条件節の述語のテンス形式 ③各逆条件節の用法（既定・仮定・一般・反現実）④各逆条件文の従属節・主節が、記述文（現象・できごとを述べる）か、判断文（判断を述べる）かについて調査・考察し、４形式の相違や関連を述べた。

すなわち、―テモは形態素としてはテとモのみで構成され、テ中止形をモで取り立てたことにより生じた逆条件接続の機能（前田1993）のみをもつ。このことは、―テモ文に、現象やできごと同士の原初的な逆条件関係を表すものが比較的多いことと関わりがあると考えられる。

他の３形式は、ト/ニ・シ・テ・モあるいはニ・セ・ヨを形態素としてもち、「仮定する」「認める」というモーダルな意味をもつ。「仮定する」「認める」という知的活動の帰結として、主節は判断を述べるものが多かった。

【キーワード】逆条件　テモ　トシテモ　ニシテモ　ニセヨ　ニシロ

## 1.　はじめに

　―テモ・〜トシテモ・ニシテモ・ニセヨ［ニシロ、以下ニセヨで代表させる］は、仮定的・既定的内容をもつ従属節をつくり、通常の想定とは異なる帰結を導く逆条件文をつくる。各形式とも逆条件以外の用法も持つが、本稿では逆条件用法をとりあげ、各節が現象・できごとを記述しているか判断を述べているかということを中心に、４形式の違いと関連について考察する。

## 2. 用例について

### 2.1 用例数

　表1は、収集した逆条件文の用例数と、逆条件節をつくる形式ごとに各用法の割合を示したものである。用例は、**3.**で挙げる。

表1　逆条件節の用法別用例数と割合

|  | ーテモ | 〜トシテモ | ニシテモ | ニセヨ |
|---|---|---|---|---|
| 既定的用法 | 68例<br>47% | 10例<br>7% | 65例<br>45% | 85例<br>59% |
| 仮定的用法 | 26例<br>18% | 107例<br>74% | 66例<br>45% | 41例<br>28% |
| 一般的用法 | 51例<br>35% | 19例<br>13% | 10例<br>7% | 16例<br>11% |
| 反現実用法 | 0 | 9例<br>6% | 4例<br>3% | 3例<br>2% |
| 計 | 145例<br>100% | 145例<br>100% | 145例<br>100% | 145例<br>100% |

　既定的用法とは、「きのう大雨が降っても彼は出かけた。」のように事実的・個別的な逆条件であるものを指す。一般的用法とは、「このごろの若者は食事に誘っても迷惑に思うらしい。」のように、時間軸に局在しない、特定的でない逆条件を指す。

### 2.2 節のタイプ

　従属節と主節が、A現象やできごとを記述しているか、B判断を述べているか、のタイプによって、用例数を見たものが表2〜表5である（表1であげた中の述べたて文のみ．反現実用法は用例が少ないので除いた）。**3.**でも述べるが、〜トシテモは「〜と仮定しても」という意味、ニシテモ・ニセヨは「そう認めても」という意味をもつので、この3形式では従属節はすべて判断を述べると言えるのだが、ここでは、〜トシテモ・ニシテモ・ニセヨの前の部分について、記述の節か判断を述べる節かを見ている。

表2ではA−B型、B−B型はそれぞれ2つに分けている。A−B①、B−B①は、主節の述語が動詞のもの中心で、現象やできごとに対する話し手の判断（推量・伝聞・確信度など）を述べるものである。A−B②、B−B②は、主節の述語が形容詞・名詞のもの中心で、特性や価値評価を述べるものである。B−B型では、ほとんどがB−B②型であったので、以下B−B①とB−B②は一括して扱う。

表2　タイプ別用例数

| 従属節−主節 | −テモ | 〜トシテモ | ニシテモ | ニセヨ |
|---|---|---|---|---|
| A−A | 48 | 3 | 2 | 2 |
| A−B① | 46 | 37 | 3 | 3 |
| A−B② | 35 | 55 | 33 | 26 |
| B−A | 0 | 3 | 8 | 5 |
| B−B① | 2 | 2 | 2 | 1 |
| B−B② | 8 | 27 | 59 | 82 |

既定的用法（表3）では、−テモではA−Aが多く、ニシテモ・ニセヨではB−Bが多い。

表3　既定的用法

| 従属節−主節 | −テモ | 〜トシテモ | ニシテモ | ニセヨ |
|---|---|---|---|---|
| A−A | 41 | 0 | 2 | 0 |
| A−B① | 14 | 0 | 2 | 1 |
| A−B② | 5 | 4 | 8 | 6 |
| B−A | 0 | 0 | 3 | 1 |
| B−B | 4 | 5 | 29 | 57 |

仮定的用法（表4）は、−テモではほとんどがA−B①②である。〜トシテモでは、A−B①②とB−Bが多く、ニシテモ・ニセヨではA−B②とB−Bが多い。

表4　仮定的用法

| 従属節－主節 | －テモ | 〜トシテモ | ニシテモ | ニセヨ |
|---|---|---|---|---|
| A－A | 0 | 3 | 0 | 2 |
| A－B① | 14 | 32 | 1 | 2 |
| A－B② | 9 | 40 | 21 | 13 |
| B－A | 0 | 3 | 5 | 3 |
| B－B | 1 | 21 | 27 | 17 |

　一般的用法（表5）は－テモに多く見られ、A－B①②が多かった。

表5　一般的用法

| 従属節－主節 | －テモ | 〜トシテモ | ニシテモ | ニセヨ |
|---|---|---|---|---|
| A－A | 7 | 0 | 0 | 0 |
| A－B① | 18 | 5 | 0 | 0 |
| A－B② | 21 | 11 | 4 | 7 |
| B－A | 0 | 0 | 0 | 1 |
| B－B | 5 | 3 | 5 | 7 |

## 3.　各形式の特徴

### 3.1　－テモ

#### 3.1.1　活用語尾の－テモ

　ここで－テモと表すのは、動詞・形容詞・述語名詞の活用形の1つである譲歩形の活用語尾のことである。

#### 3.1.2　－テモの先行研究

　－テモについての先行研究は、前田（1993、1995）等があげられる。しかし、2.2で述べたような節のタイプから－テモ逆条件文を考察したものは、見当たらない。

### 3.1.3 −テモの用法

テモは既定的・一般的用法が多かった（表1）。仮定的用法でもある程度使われている。また、節のタイプではＡ−Ａのものが他の３形式より多く（表2）、Ａ−Ａは既定的用法で多く見られた（表3）（用例1〜4）。Ａ−Ｂ①②も多い。次は、Ａ−Ａの用例である。

（１）　急上昇急下降を繰り返す砂利道に車体は激しく揺れ、たすき掛けのシートベルトを左右に<u>締めていても</u>全身が跳ね上がる。（平）

（２）　真鍋のアルコールの強さには、全く、三枝も呆れるばかりだった。ぐいぐい<u>飲んでも</u>顔色一つ変わらない。（女）

（３）　通路側の彼は、足を伸ばして目を閉じている。乗務員が、「カートが通れませんので、足をひっこめてください」と３回、声を<u>かけても</u>、目を開けない。（ア1997）


（１）〜（３）は目の前の現象を記述する文、次の（４）は目の前の現象ではないができごとを記述する文である。

（４）　猛烈な向かい風が吹きつけてくるため、懸命にペダルを<u>こいでも</u>自転車はなかなか進んでくれなかった。（マ）


次はＡ−Ｂ①で、（５）は既定的、（６）は仮定的、（７）は一般的用法である。

（５）　とんだ弱味ができちまったなあ、と荒井は思った。いかん、とは<u>思っても</u>、またその内あの女の所へ行くかもしれない。（女）


（５）の従属節は、「いかん」とすでに思っていて、既定的逆条件を表している。

（６）　「〔銀行が差し押さえた建物が〕競売で<u>落札されても</u>、抵当権の順位が高い銀行が優先的に金を持って行く。うち〔＝テナントとして払った保証金が返ってこない借主〕の取り分なんて期待できない」。（朝1996）

（７）　この平凡な住宅街でも、いろいろな事件がおこっている。生きることの悩みと、生きることのむずかしさ。事件は<u>おこっても</u>、みんな気を合わせて、一日も早くそれを忘れようとしているらしい。（青）

（1）〜（7）の「PてもQ」は、通常の想定〈Pの事象が成立すれば、〜Qの事象が成立する〉に反する帰結であることを述べている。

次にA－B②であるが、-テモでは一般的用法が多い（用例8・9）。

（8）　暖冬の年は冬型気圧配置が現れても弱いことが多い。（日1998）

（9）　「男は生活を支えているという頭がありますから、文句は言っても、渋々新しい秩序に従うものです。（女）

（8）（9）の「PてもQ」は、通常の想定〈Pの事象が成立すれば、〜Qの特性・価値評価である〉に反する帰結であることを述べている。

### 3.1.4　従属節の述語のテンス形式と-テモでは表しにくい時間関係

①前件・後件の時間的順序

　〜トシテモ・ニシテモ・ニセヨは、非過去形・過去形の両方に接続するが、-テモにはこのような形式上の対立はない。-テモはテ中止形に取り立て助辞のモがついた形であるから、時間的順序はテ中止形と後続句節との関係と同様、前件→後件あるいは同時的である。したがって、次のように時間的順序が後件→前件になる場合には-テモは使いにくい。

（10）　多くの人たちは、「死はいずれ訪れるとしても、当分の間は大丈夫だろう」と考えて、毎日を送っている。（健）

　　　＊「死はいずれ訪れても、当分の間は大丈夫だろう」

②従属節の動詞が継続相で、従属節と主節のテンスがちがう場合

　次のニシテモの用例では、前件は過去、後件は現在の事態を表す。

（11）　〔赤帽がいつのまにか姿を消していた。〕一体あいつは何だったろう。――そう今になって考えると、眼は確かに明いていたにしても、夢だか実際だか差別がつかない。（妙）

（11）′　眼は確かに明いていても、夢だか実際だか差別がつかない。

（11）は従属節の動詞が継続相で、（11）′のように-テモを使うと前後件は同

時的だと解釈されてしまう。従属節の動詞が継続相で従属節と主節のテンスがちがう場合は、その時間的関係を-テモでは表せない。なお、-テモの場合、従属節の述語が動的な動詞で完成相、主節の述語も動的であるとき、前件と後件は継起的に解釈される（用例12）。

(12)　件の豚肉を直接扱っている社員は、事情を<u>聴かれても</u>あいまいな答えしか返さない。（ア）

## 3.2　〜トシテモ

### 3.2.1　〜トシテモの先行研究

北條（1989）は、「としても」は「……仮定の意味を強くもち、未完了のことについての逆接の仮定条件を成立させる」としている。

### 3.2.2　〜トシテモの品詞性と意味

〜トシテモは、仮定することを表す〜トスルの活用形の1つ（譲歩形）である[1]。〜トスルのトは〈内容を指示する格助辞ト〉、スルは〈思考活動の意味のスル〉で、〜トスルは「〜と考える」「〜と仮定する」という意味をもつ。仮定することを表す〜トスルは、過去形・推量形、打ち消し形式などでは使われないが、「〜とする」「〜としよう」「〜とせよ」「〜として」「〜とすると」などの活用形では使われ、発話時にまたはテンスなしで、話し手あるいは聞き手が仮定する意味を表す。活用表は不完全であるが、〜トシテモは〜トスルの譲歩形であると言えよう[2]。

### 3.2.3　〜トシテモの用法

表1に見るとおり、〜トシテモには仮定的用法が多い。しかし、既定的な用法も少数ながらある。既定的でも仮定的な意味が影響し、「その内容は事実ではあるがすぐに変化する」あるいは、「たいして重要ではないことだ」などの意味を含みやすい（用例13）。

---

[1]　高橋他（2005）では、「すると　する」を仮定動詞としている。
[2]　あるいは、接続的なはたらきをする助辞に転成しつつあるといえるかもしれない。

(13) 〔ソフトウエアの〕既成品と受託開発の割合は、アメリカで六対四、ヨーロッパで四対六、一方日本では一対九でしかない。……今はまだ一対九であるとしても、〔既製品を扱う会社の立場として〕見通しは明るい。既製品は今後、着実に伸びていく。(青空)

　ただし、～トシテモは、(1)～(3)のような目の前で確実に起こっている現象を記述する従属節・主節をもつ文には使われない。
　節のタイプは、仮定的用法でA－B②、A－B①、次いでB－Bが多い（表4）。(14)はA－B②、(15)はA－B①、(16)はB－Bである。

(14)　竹中が首相になったとしても、政治力の面では小泉に頼りきりにならざるをえないから、竹中は小泉首相が最もコントロールしやすい首相ということになるだろう。(メ)

(15)　万が一盗まれたとしても、店の若旦那はまがりなりにも自警団団長、犯人はすぐに捕まるだろう。(カ)

(16)　「そんな価値はないわ。たとえ本当にポルムベスクという作曲家の楽譜だとしても」(百)

　(16)は倒置になっている。(16)の「PてもQ」は、通常の想定〈Pという特性・価値評価であれば、～Qという特性・価値評価である〉に反する帰結であることを述べている。

### 3.2.4　従属節の述語のテンス形式
　表6は、従属節（未来の仮定を表す用法・一般的用法）のテンス形式を調べたものである。

表6　従属節（未来の仮定・一般的用法）の述語のテンス形式

|  | 非過去形 | 過去形 |
|---|---|---|
| ～トシテモ | 8例 | 69例 |
| ニシテモ | 39例 | 5例 |
| ニセヨ | 36例 | 4例 |

～トシテモは、過去形に接続するものが多い。この過去形は「疑わしさ」を表すモーダルなもので、～トシテモが仮定を表すことと関係していると考えられる[3]。また、(15) のように、従属節の述語が動的で、前件→後件という時間的順序のものは相対的テンスになっているとも考えられる。ちなみに、反現実を表す用例では、～トシテモ・ニシテモ・ニセヨとも従属節の述語はすべて過去形であった（用例17~19）。

(17)　埼玉大教授（メディア論）の話　大衆紙はこれまで、「ダイアナさんは王室ではなく、大衆の側にいる」ということで売ってきた。パリの事故〔カメラマンに追いかけられ、交通事故死〕で、その大衆紙がダイアナさんを死に追いやったと断定されては、立ち行かなくなる。

　　　　私が編集長だったとしても、「我々はいまでも庶民の代弁者だ」と強調すると思う。王室批判によって、ダイアナさんを悼む庶民の側にいることが示せる。（朝1997）

(18)　「駄目だよ、お婆さん、ここはお邸町だから、何も売ってないよ。売ってたにしても、今はなんでも配給制度だから、自由に買えないんだよ」

　　　　　　　　　　　　　　　　　　　　　　　　　　　　　　（厭）

(19)　正直の話、父があんなにも心を苦しめようとは海野は夢にも想像しなかつたのだ。後で専門医に聞いたところでは、動脈硬化と云ふ病気は、非常に……神経が摩り切れはしまいかと思はれる程一つのことを苦に病むものださうだ。よし父が健康であつたにせよ、心配はしたであらう。が、病気故にその心配が二倍にも三倍にも――いや、恐くは十倍にも響いたのだらう。（海）


## 3.3　ニシテモ

### 3.3.1　ニシテモの先行研究

　北條（1989）は、「にしても」は「『としても』のように仮定の意味は強くもたないようで」「～に決めた場合」というニュアンスをもつとしている。また、砂川ほか（1998）では、「にしても」は「……ような事態であることをかりに認

---

3)　文末に使われた仮定を表す～トスルも、過去形に接続するものが少なくない。

めた場合でも」としている。

### 3.3.2　ニシテモの品詞性と意味

　形から見れば、ニシテモはニシテをモで取り立てた形である。ニシテは〈ニ（格助辞）＋シテ（スルの中止形）〉あるいは〈ニ（断定のナリの連用形）＋シテ（接続助辞）〉であろうが、活用語につくときは、ニシテ＋モ/ハの形が使われる。ニシテモは語彙的意味をもたず、従属接続詞（村木2015）ほど単語として独立していないので、接続的にはたらく複合助辞とするのが適当であろう。

　ニシテモが「そう認めても」という認識的な意味をもつのは、〈結果や状態を表す格助辞ニ〉＋〈思考活動の意味をもつスル〉＋モであること、あるいはニが断定のナリであることと関係しているのであろう。

### 3.3.3　ニシテモの用法

　ニシテモは、既定的用法・仮定的用法に同じように使われる（表1）。また、主節で特性や価値評価などの判断を述べるものが多い（表2）。

　既定的用法では、-テモとちがいB－B型が多い（表3）。既定的用法のB－B型の前件は、話者がそうであるとする既定的判断を表す（用例20〜22）。

(20)　翌六七年に生まれ出たのが、彼ら〔ビートルズ〕の最高傑作という世評の高いこの『サージェント・ペパーズ』である。このアルバムはまた、……隅々まで計算されつくした構成をもつことで、「コンセプトアルバム」の先駆けともなった。

　　　しかし、傑作であるのは疑えないにしても、『サージェント・ペパーズ』は、一面では聴き手にいくぶん窮屈な印象を与える作品だった。

　　　　　　　　　　　　　　　　　　　　　　　　　　　　　　　（ロック）

(21)　勿論、梶井文学の基調たる、疲労、倦怠、絶望という精神の色調が、彼の病弱な肉体と不可分に結び合っていることは見逃しがたいところであるにしても、彼の病身を以て、直ちに彼の作品の頽廃的色彩の原因とみる説は甚だしく誤っている。（「檸」解）

(22)　〔イランではハタミ大統領が国民の支持を得ているが、軍事、外交の最終権限は宗教指導者ハメネイ氏にある。〕そうした事情はあるにして

も、クリントン政権は慎重になるあまり、この機会を逃すべきではあるまい。（朝1998）

　仮定的用法ではＡ－Ｂ②とＢ－Ｂが多い（表４）。（23）はＡ－Ｂ②、（24）はＢ－Ｂである。

(23)　一晩楽にねられそうな所があれば、そこでともかくも、夜を明かそうと思ったからである。すると、朱門の上の楼へ上る、幅の広い、これも丹を塗った梯子が眼についた。上なら、人が<u>いたにしても</u>、どうせ死人ばかりである。（羅）

(24)　これはエゴイズムか。しかしおれは他人の利益を侵害してはいない。従って、たとい是が<u>エゴイズムであったにしても</u>、非難される理由はないのだ。（青春）

### 3.3.4　従属節の述語のテンス形式

　ニシテモと次節のニセヨの場合、従属節の述語は、未来の仮定のとき非過去形が多く、過去の仮定のとき過去形が多いことから、絶対的テンスになりやすいと思われる。（25）（26）は未来の仮定、（27）（28）は過去の仮定の用例である。

(25)　……が前立腺がんにかかっていることを明らかにした。「仮に命を<u>縮めるにしても</u>、納得するまでやりたい」と話した。（朝1998）

(26)　イラクから手を引くべきだ。介入によって何らかの目標が<u>達成されるにせよ</u>、それは近視眼的な成果に過ぎない。（Al 2007.01.01）

(27)　隅倉　「我々は函館函衛隊だ。蘇武源次郎はどこだ」……
　　　伝兵衛　「存じません。なんのことです」
　　　　隅倉　「しらばっくれるな。ここで蘇武源次郎たちを見たものがいる」
　　　……
　　　隅倉はあたりを見渡しながら言った。「<u>逃げたにしても</u>、手がかりはあるはずだ。こいつらを小屋から追い立てろ。中をすっかりあらためるんだ」（五稜）

(28)　彼女があの布教師の辻のところへ相談に行ったかどうかわからぬが、<u>行ったにせよ</u>、頼り甲斐のある何の解答もなかったことだけは確かだろ

う。（化石）

次の（29）のように仮定の意味が強いときは、現在・未来・一般の事態でも
「疑わしさ」を表す過去形が使われるようである。次の過去形は、「疑わしさ」
を表すことと、相対的テンスになっていることの両方が考えられる。

（29）　たとえ運良く〔出場の〕権利は<u>とれたにしても</u>、下手をすると出番が
　　　　十五分などということにもなりかねない。（セ）

## 3.4　ニセヨ

### 3.4.1　ニセヨの先行研究とニセヨの意味

北條（1989）は、「にせよ」「にしろ」について「前件の事柄に左右されずに
後件の事柄が行われるという意味である」としている。

ニセヨの場合は、前件の条件であってもそうでないときと帰結は変わらない
ということが比較的強く表される。結果として、通常の想定とは異なる帰結に
なるという逆条件文になる。

（30）　彼〔雪舟〕が模した原図というものが中国にあるのかどうかは知らな
　　　　いが、原図が<u>あるにせよ</u>、雪舟の筆致は非常に違ったものを創り出して
　　　　いるに相違ないと思われた。（雪）

（30）は、模した原図があったとしても独創的であることに変わりはない、
と言っている。

（31）　日本の外交が、日米関係に基軸を置いていることは言うまでもない。
　　　　国際情勢の変化は<u>あるにせよ</u>、当面日本がこの基本姿勢を変えるべき理
　　　　由は見当たらないし、国益の面からも変えるべきでない。（読1997）

－テモ・〜トシテモ・ニシテモも「前件の条件であってもそうでないときと
帰結は変わらない」という意味を含むが、こちらはモのはたらきによるもので
ある[4]。

────────────────

4）　－テモについては、前田（1993）参照。

ニセヨは、ニシテモと同様ニ・スルを構成要素として持ち「そう認めても」という認識的な意味を含む。

### 3.4.2 ニセヨの品詞性

ニセヨはニシテモと同様、接続的にはたらく複合助辞である。

### 3.4.3 ニセヨの用法

ニセヨは既定的用法が多く、次いで仮定的用法でも使われる（表1）。節のタイプとしてはニシテモと同様、主節で特性や価値評価を表す判断を述べるものが多い（表2）。次の（32）は既定的用法の「B－B」型、（33）は仮定的用法の「A－B②」型のものである。

(32)　農業就業人口は、九〇年の五百六十五万人から九五年には四百十三万人に減った。その一方で、農林水産予算は三兆三千億円から四兆六千億円に増えている。コメの輸入自由化対策（ウルグアイラウンド関連）が<u>あるにせよ</u>、理解に苦しむ数字である。(読1997)

(33)　〔フットサルの話〕海外〔移籍〕組が、〔ブラジル代表として〕最終的に<u>召集されるにせよ</u>、サッカーのブラジル代表と同じくコンビネーション不足はブラジル代表にとって大きな足枷になるかもしれない。(ワ)

### 3.4.4 従属節の述語のテンス形式

ニセヨは、ニシテモと同様、絶対的テンスであると思われるものが多いが、相対的テンス、あるいは「疑わしさ」を表す過去形であると考えられるものもある。

## 4. 逆条件用法のまとめ

以上をまとめると、表7のようになる。

－テモは形態素としてはテとモのみで構成され、テ中止形をモで取り立てたことにより生じた逆条件接続の機能（前田1993）のみをもつ。このことは、－テモ文に、現象やできごとどうしの原初的な逆条件関係を表すものが比較的多いことと関わりがあると考えられる。

表7　各形式の特徴

| | －テモ | 〜トシテモ | ニシテモ | ニセヨ |
|---|---|---|---|---|
| ①品詞的位置づけ | ・活用語の譲歩形の活用語尾 | ・〜トスルの譲歩形 | ・複合助辞 | ・複合助辞 |
| ②従属節の述語のテンス形式 | ・なし<br>・先後関係<br>前件→後件、同時 | ・過去形、非過去形<br>・過去形が多い<br>－「疑わしさ」を表す<br>（相対的テンスも） | ・過去形、非過去形<br>・対立あり<br>・絶対的テンス<br>（相対的テンス、「疑わしさ」を表す過去形も） | ・過去形、非過去形<br>・対立あり<br>・絶対的テンス<br>（相対的テンス、「疑わしさ」を表す過去形も） |
| ③既定的用法<br>　仮定的用法<br>　一般的用法<br>　反現実用法 | ◎<br>△<br>○<br>－ | △<br>◎＋<br>△<br>△ | ◎<br>◎<br>△<br>△ | ◎<br>○<br>△<br>△ |
| ④節のタイプ<br>（多い順） | A－A<br>A－B①<br>A－B② | A－B②<br>A－B①<br>B－B | B－B<br>A－B② | B－B<br>A－B② |

1形式中　－：なし　△：〜19%　○：20〜39%　◎：40〜59%　◎＋：60%以上

他の3形式は、ト/ニ・シ・テ・モあるいはニ・セ・ヨを形態素としてもち、「仮定する」「認める」というモーダルな意味をもつ。「仮定する」「認める」という知的活動の帰結として、主節は判断を表すものが多い。

　－テモは、時間的順序が前件→後件または同時的で、事象間の逆条件関係が比較的多く見られるという点で、条件形をつくる－ト・－タラとの類似性が見出せるだろう。〜トシテモは仮定を表すという点で条件形をつくる－バとの類似性が、ニシテモ・ニセヨは「認める」という意味があるという点で条件形をつくる－ナラとの類似性が見出せるだろう。

## 5.　逆条件以外の用法

　各形式の逆条件以外の用法をあげておく。逆条件用法とそれ以外とでは、各形式とも前者のほうがやや少ないかほぼ同数であった。

① 条件節を複数並べ、帰結節で〈どの場合でも変わらない〉と述べる用法は、4形式すべてに見られたが、ニセヨで多かった。

(34) 守るにせよ 攻めるにせよ、人を見失ったほうが負ける。(沙)

② 条件節に不定語（ドコ・イツ・ダレなど）を含み、帰結節で〈どの場合でも変わらない〉と述べる用法も、4形式すべてに見られたが、ニセヨで多かった。

(35) どんな未来が人類を待っているにせよ、子供たちはその運命を生きて行くだろう。(ノ)

③ 対比の用法も4形式すべてに見られた。

(36) 大人たちの世界に、さまざまな波瀾、葛藤、悩み事や怨み事が絶えぬにせよ、子供たちには子供たちの世界があった。(楡)

④ 前件に対する評価を後件で述べる用法は、-テモと～トシテモに見られた。

(37) 会社側が株主総会の紛糾を心配したとしても不思議ではない。(朝1997)

⑤ 前件で仮定的状況を差し出し、その状況における制限などを後件で述べる用法は、4形式に見られたが、ニシテモの用例が多かった。

(38) ビデオで映画を観るにしても、ぶっ続けで十本がせいぜいだろう。

(ジ)

第8章

# 「-ないまでも」節の意味と機能

**要旨**

　先行研究で「-ないまでも」は逆条件節をつくるとされていることに問題が
あることを述べた。①「-ないまでも」節とその他の逆条件節で述べられる事
態を比較、②「-ないまでも」節の陳述的独立性について考察、③「-ないまで
も」節が表す意味的特徴を考察した。そして、「-ないまでも」節は主節の表す
事態に程度の面から制限を加えるという意味特徴をもち、逆条件を表す逆条件
節としてよりも修飾語節としてのはたらきにより近いと結論づけた。

**【キーワード】** ないまでも　にしても　にせよ　ものの　修飾語節　逆条件節

## 1. はじめに

　「-ないまでも」がつくる節は、先行研究では逆条件を表すとされている。確
かに、逆条件節をつくる「にしても」「にせよ」「ものの」も、「-ないまでも」
と同様な用法をもつことがある（**2.2**参照）。

　しかし、本稿では、「-ないまでも」節が逆条件を表すとすることに問題があ
ることを述べる。**2.** で用例について、**3.** で先行研究について述べる。**4.1**
で「-ないまでも」節で述べる事態と「にしても」「にせよ」「ものの」節で述
べる事態とを比較する。**4.2**で「-ないまでも」節のテンス形式と意味的特徴
との関連を考える。**4.3**で「-ないまでも」節の陳述的独立性と意味的特徴と
の関連を考える。**4.4**で「-ないまでも」節が表す意味的特徴から、「-ないま
でも」節の文中での機能を考える。

## 2. 用例
### 2.1 「-ないまでも」の用例と意味

　まず、「-ないまでも」の用例からみてみる。（出典のないものは作例）

1）　もし、この段ボールをまともに頭に受けていたらどうなったろう？
　　　死には<u>しないまでも</u>、少々のけがではすまなかったに違いない。(女)

2）　子猫がかみつきます。血は出<u>ないまでも</u>、結構イタイです。(Ya知2005)

3）　笑わ<u>ないまでも</u>とにかく、それは可笑しな事には違いなかった。(冬)

4）　『レジャー白書 '91』は次のような数字を掲げている。昭和57年（1982）
　　　のマージャン人口は2140万人、……平成２年（1990）は1350万人、最も新
　　　しい数字は1290万人と述べている。わずか10年間に半減とはいか<u>ないま</u>
　　　<u>でも</u>、40パーセントの減少である。(世)

5）　管理職が、第一線の状況、現場の状況を理解しないで、ただ号令をか
　　　けているだけでは、社員の意識改革と新たな方向付けは、不可能では<u>な</u>
　　　<u>いまでも</u>、困難であり長い時間を要する。(日本)

6）　読み終わり吉敷は、因幡沼の論調にすべてでは<u>ないまでも</u>、かなり共
　　　感できるものを感じた。(ら)


「-ないまでも」は、否定形式「-ない」にとりたて助辞「まで」「も」がつい
た形である。「-ないまでも」の前には程度の大きい事態が示され、その程度の
大きいところまでは及ばないことを表す。後続節は程度が小さくないことを表
し、先行節と後続節は「程度が大きくないが、小さくない」という意味関係に
なっている。次のように、「～と（は）いわないまでも」「～と（は）いえない
までも」の形で使われた用例も多い。

7）　「マッチ箱のような」とは<u>言わないまでも</u>、ふだん山手線や新幹線を見
　　　慣れた目には十分に小さい。(P)

8）　日米と同じ程度とは<u>言えないまでも</u>、米中もやはり運命経済共同体か、
　　　あるいは言葉は悪いが一蓮托生なのだろう。(日経2004)


## 2.2　「にしても」「にせよ」「ものの」の用例

「にしても」「にせよ」「ものの」のような複合助辞も、接続する先行節の述
語が否定形式になり、先行節中の単語が「まで」でとりたてられたり、程度の
大きいことを表す単語が使われたりすることにより、「-ないまでも」と同様の
意味を表す（用例9～14）。（ただし、このような用法は、「にしても」「にせよ」「ものの」

のそれぞれが持つ用法の一部でしかない。）

9）「確定的殺意までは認められないにしても、仮に死の結果が生じてもやむを得ないとの認識だった」として「未必の故意」を認め、殺意はあったとした。（朝1997）

10）授業そのものが成立しないといったことが、よくマスコミで取り上げられています。学校の部活動では、ここまでの問題を抱えてはいないにせよ、少子化の時代になり、選手の数が減ったため、厳しく生徒を注意できない現状もあるようです。（掟）

11）一番最高！とまではいかないものの、結構いい作品だったかな。（ブ2008）

（「まで」が使われていない用例）

12）喰うに困るというほどではないにしても、それに近い状態になりつつあることは間違いないようだった。（一）

13）音程はきちんと正確にではないにせよ、耳ざわりでない程度には合っていた。（世界）

14）日本選手団は広島大会の1017人（うち選手678人）には及ばないものの、国外で開かれる総合大会としては史上最多の827人（うち選手636人）が派遣される。（朝1998）

## 2.3 「-ないまでも」を「（-ない）にしても／（-ない）にせよ／（-ない）ものの」で置き換えられるか

2.1、2.2でみたように、「-ないまでも」と「（-ない）にしても／（-ない）にせよ／（-ない）ものの」は同様の意味を表すことがある。しかし、「-ないまでも」を「（-ない）にしても／（-ない）にせよ／（-ない）ものの」で置き換えると不自然になったり意味が違ってきたりする用例と、置き換えてもあまり差異がないと思える用例がある。次の15）は前者の用例である（意味が違ってくるものには「◇」、言えないものには「＊」を記す）。

15）a.「血を流さないまでも、せめて汗を流そう」ということで出来たのがPKO法だ。（風）
　　→b.「血を流さ◇ないにしても／◇ないにせよ／＊ないものの、せめて汗

を流そう」ということで出来たのがPKO法だ。

次の16）は、置き換えてもあまり差異がないと思える用例である。

16）　a．……ナオミはナオミで、腹の中ではこのしつッこい私のやり方を
　　　　　せせら笑っているらしく、言葉に出して云い争いはし<u>ないまでも</u>、
　　　　　変に意地悪い素振りを見せるようになりました。（痴）

→b．言葉に出して云い争いをし<u>ないにしても/ないにせよ/ないものの</u>、
　　　変に意地悪い素振りを見せるようになりました。

「－ないまでも」は、「（－ない）にしても」「（－ない）にせよ」「（－ない）ものの」
が使われた用例9〜14のような文とどうちがうのだろうか。本稿では、置き換
えにくい用例と置き換えることができる約400用例をてがかりに、「－ないまで
も」節で述べる事態の特徴や意味的・文法的特徴、「－ないまでも」節の文中で
の機能について考える。

## 3. 先行研究
### 3.1 「－ないまでも」の先行研究

　田中（1998）は、「『ナイマデモ』は『テデモ』の前接否定の形態として、『ナ
イニシテモ』と等しく最大許容範囲の打ち消し表現となっている」と述べてい
る。そして、「想定しうる極限の範囲、限界・程度についての打ち消し・推測
をより明確にあらわす際には、一般に〔『ナクテモ』より〕『ナイマデモ』が用
いられる」としている。また、「ナイマデモ」は「〜ナイマデダ」の文中の用
法であるとも述べている。

　砂川ほか（1998）では、「－ないまでも」は、「動詞の否定形を受けて『そこま
での程度でなくても、せめてこのぐらいは』という意味を表す」とし、「前の
節に、量や重要性において程度の高いことがらが提示され、後の節にはそれよ
り低い程度のことがらが続く」としている。

　日本語記述文法研究会編（2008）は、「2つの事態の間にある予測された因果
関係が実現しないことを表す文を逆接条件文といい、その従属節を逆接条件節
という」とし、「逆接条件節には、おもに仮定的な場合を表す逆条件節と、お

もに事実的な場合を表す逆接節がある」としている。そして、「-ないまでも」は逆条件を表すとし、主節の文のタイプに制約はないと述べている。また、「『ないまでも』は、従属節に提示するような高い程度の段階まではいかないが、主節に述べるような、それより低い段階には達することを述べる」と説明している。

## 3.2 「にしても」「にせよ」「ものの」の先行研究

砂川ほか（1998）では、「…にしても」は、「…で述べられているような事態であることをかりに認めた場合でも」と説明している。「にせよ」は「にしても」の「改まった書きことばの言い方」であるとしている。

北條（1989）は、「にせよ」について「前件の事柄に左右されずに後件の事柄が行われるという意味である」としている。

「ものの」については、森田・松木（1989）が「逆接条件」の「確定を示す」項に入れて、「前件の事柄を一応認めた上で、それとは対応しない、相反・矛盾した後件が次に展開することを示す」としている。また、中里（1996）では、「ものの」の後件に「命令（-なさい）」「依頼（-てくれませんか）」「勧誘（-ませんか）」「疑問（-ませんか）」の表現がくると不自然であると述べている。

上の砂川ほか（1998）、森田・松木（1989）によると、「にしても」「にせよ」「ものの」はいずれも「認める」という判断の意味をもつことになる。仮にそうであると認めたり、事実的・確定的なものとして認めたりする意味をもつということである。

## 4. 「-ないまでも」節の特徴
### 4.1 「-ないまでも」節で述べる事態の特徴

「-ないまでも」節で述べる事態を、表1のように左縦列「一般的／特定的」と上段「未実現・仮定的／事実的・確定的」とを組み合わせて、ＡＢＣＤの4種類別にみていくことにする。

表1　先行節で述べられる事態の性質

|  | 未実現・仮定的 | 事実的・確定的 |
|---|---|---|
| 一般的 | A | C |
| 特定的 | B | D |

（1）「-ないまでも」節で、一般的で 未実現・仮定的な事態（表1のA）を述べる場合

　もう一度、用例15をみてみる。

15)　　a.「血を流さ<u>ないまでも</u>、せめて汗を流そう」ということで出来たのがPKO法だ。（風）

　　→b.「血を流さ◇<u>ないにしても/◇ないにせよ/＊ないものの</u>、せめて汗を流そう」ということで出来たのがPKO法だ。

　15) aの先行節は、「血を流さない」という一般的で未実現・仮定的な事態（表1のA）を述べ、その肯定形式が表す「血を流す」事態までは及ばないことを表している。

　b「(-ない) にしても」「(-ない) にせよ」を使うと、未実現・仮定的であってもより特定的な事態についての判断を述べているととれる。しかし、aは特定の事態について述べているわけではないので、b「(-ない) にしても」「(-ない) にせよ」は違和感がある。一般的で未実現・仮定的な事態というのは、陳述性のない名づけ的レベルであり、そういった事態についての判断はできない。判断の意味をもつ「(-ない) にしても」「(-ない) にせよ」を使って「血を流さないにしても」「血を流さないにせよ」とすると、より具体的・特定的な場合についての判断を述べることになる。

　「ものの」は、先行節で事実的・確定的な事態を述べるので、b「(-ない) ものの」は使えない。次の17) も同様である。

17)　　a.　相手の気持ちに共感し<u>ないまでも</u>、理解するようにしよう。

　　→b.　相手の気持ちに共感し◇<u>ないにしても/◇ないにせよ/＊ないものの</u>、理解するようにしよう。

17)　aの先行節は、「相手の気持ちに共感しない」という一般的で未実現・仮定的な事態（表1のA）を述べ、その肯定形式が表す「相手の気持ちに共感する」事態までは及ばないことを表している。b「(-ない) にしても」「(-ない) にせよ」を使うのは、例えば「太郎の気持ちに共感<u>しないにしても/ないにせよ、理解するようにしよう。</u>」という、より具体的・特定的な場合についての判断を述べる場合である。次の用例も同様である。

18)　a.「〔学校などのパソコンで〕自分の使った痕跡を消さなければいけないなんて、お友達や学校の生徒を疑えというの？」と思っても、そうは考えないでください。あなたが使ったことを知らない人が「これ、何だろう」と思ってアクセスしてしまう可能性もあるでしょうし、ドロボウに入られ<u>ないまでも</u>、そのパソコンが不要になったときに前の項でお話しした操作をしないまま回収業者の手に渡してしまうことだってあるかもしれません。(な)

　→b.　ドロボウに入られ◇ないにしても/◇ないにせよ/＊ないものの、そのパソコンが不要になったときに前の項でお話しした操作をしないまま回収業者の手に渡してしまうことだってあるかもしれません。

18)　b「(-ない) にしても」「(-ない) にせよ」では、突然「ドロボウ」の話が出てきたという印象を受ける。「(-ない) にしても」「(-ない) にせよ」は、その前の文脈でドロボウに触れた場合、そのより具体的・特定的な場合について判断を述べるものである。一方、a「-ないまでも」では、「ドロボウに入られる」という程度の大きい事態までは及ばないことを表している。

15)　a、17)　a、18)　aは、「-ないまでも」節で述べる事態が、一般的で未実現・仮定的な事態（表1のA）である。しかし、「(-ない) にしても」「(-ない) にせよ」「(-ない) ものの」はそういう事態を受けにくく、15)　b、17)　b、18)　bは違和感があったり言えなかったりするのである。

（２）「-ないまでも」節で、特定的で 未実現・仮定的な事態（表１のB）を述べる場合

19）　a．塾に通わ<u>ないまでも</u>、学校の勉強はきちんとしたほうがいいよ。
　　→b．塾に通わ<u>ないにしても/ないにせよ/＊ないものの</u>、学校の勉強はきちんとしたほうがいいよ。


19）a「塾に通わない」は聞き手の塾通い（＝特定的で未実現・仮定的な事態＝表１のB）について述べている。「その程度までではない」という意味がはっきりと現れている点を除けば、b「(-ない)にしても」「(-ない)にせよ」の話し手の判断を表すものとあまり違わない。「ものの」は、先行節で事実的・確定的な事態を述べるので、b「(-ない)ものの」は使えない。次も同様である。

20）　a．「お見舞いに伺おうと思いながら、なかなか……」
　　　　　「見舞いに来<u>ないまでも</u>、電話ぐらいはするものだ。」（１級改）
　　→b．「見舞いに来<u>ないにしても/ないにせよ/＊ないものの</u>、電話ぐらいはするものだ。」

21）　a．意中の女性に好かれ<u>ないまでも</u>嫌われたくない。（大人）
　　→b．意中の女性に好かれ<u>ないにしても/ないにせよ/＊ないものの</u>嫌われたくない。


21）aは「意中の女性」が特定の人を指しているのであれば、「その程度までではない」という意味がはっきりと現れている点を除けば、b「(-ない)にしても」「(-ない)にせよ」の話し手の判断を表すものとあまり違わない。一般的に「意中の女性」と言っているのであれば表１のAの事態となり、bはすべて不自然である。

22）　a．「昨日君は、上野相互の社長になれると思うかと聞いたな。社長になれ<u>ないまでも</u>、上野相互銀行の重役にはなりたい。（買）
　　→b．社長になれ<u>ないにしても/ないにせよ/＊ないものの</u>、上野相互銀行の重役にはなりたい。


22）aの先行節「社長になれない」は、話し手自身についての事態（＝特定

的で未実現・仮定的＝表1のB）を述べており、「その程度までではない」という意味がはっきりと現れている点を除けば、b「（-ない）にしても」「（-ない）にせよ」の話し手の判断を表すものとあまり差異がない。

19）a～22）aの「-ないまでも」節は、特定的で未実現・仮定的な事態（表1のB）を述べるものである。したがって、そのような事態を受けることができる「（-ない）にしても」「（-ない）にせよ」で置き換えても、判断の意味が加わったり、「その程度までではない」という意味が薄れたりするものの、（1）でみた事態（表1のA）の場合ほど差異が大きくない。「（-ない）ものの」は未実現・仮定的な事態を受けることはできないので、ここでも使えない。

**（3）「-ないまでも」節で、特定的で 事実的・確定的な事態（表1のD）を述べる場合**

23）　a．〔釣竿の話〕……ジョイントのゆるみが気になります。一度キャスト〔＝餌のついた釣り糸を飛ばす〕で穂先がぶっ飛んだことがあって以来、常にチェックしてますが、抜け<u>ないまでも</u>少し回転します。
（Ya知2005）

→b．常にチェックしてますが、抜け<u>ないにしても/ないにせよ/ないものの</u>、少し回転します。

23）　aの先行節は、特定の事実的・確定的な事態（表1のD）を述べている。「チェックしたその都度」という特定の場合のことである。「抜けない」という内容は事実と一致し、「その程度までではない」という意味がはっきりと現れている点を除けば、bの先行節で特定の現実の事態についての判断を述べているものとあまり差異がない。次の用例も同様である。

24）　a．最高級品では<u>ないまでも</u>、かなりの品質のものだった。

→b．最高級品では<u>ないにしても/ないにせよ/ないものの</u>、かなりの品質のものだった。

16）　a．〔再掲〕……ナオミはナオミで、腹の中ではこのしつッこい私のやり方をせせら笑っているらしく、言葉に出して云い争いはし<u>ないまでも</u>、変に意地悪い素振りを見せるようになりました。〔痴〕

→ｂ．言葉に出して云い争いを**しないにしても／ないにせよ／ないものの**、変に意地悪い素振りを見せるようになりました。

３） ａ．〔再掲〕勿論私はこの親しい友を笑い者にしようなどとは毛頭思わない。が、笑わ**ないまでも**とにかく、それは可笑しな事には違いなかった。（冬）

→ｂ．が、笑わ**ないにしても／ないにせよ／ないものの**とにかく、それは可笑しな事には違いなかった。

次は、過去の仮定的な状況における事態を述べるものである。

１） ａ．〔再掲〕もし、この段ボールをまともに頭に受けていたらどうなったろう？　死には**しないまでも**、少々のけがではすまなかったに違いない。（女）

→ｂ．死には**しないにしても／ないにせよ／ないものの**、少々のけがではすまなかったに違いない。

　１）の先行節は、「もし、この段ボールをまともに頭に受けていたら」という仮定的状況で「死にはしない」という事態を述べている。これは特定的ではあっても事実的とはいえないが、そういった仮定的状況において話し手が確信している事態を述べているものである。したがって、ｂ「（-ない）ものの」でもいうことができるのだと考えられる。そのため、この用例は（２）（表１のＢ）ではなくここに分類した。

**（４）「-ないまでも」節で、一般的で 事実的・確定的な事態（表１のＣ）を述べる場合**

　ここに該当する典型的な用例はなかった。次は作例である。

25） ａ．水は70℃では沸騰**しないまでも**、かなり熱くなる。

→ｂ．水は70℃では沸騰**しないにしても／ないにせよ／ないものの**、かなり熱くなる。

（5）4.1のまとめ

　以上をまとめると、表2のようになる。

表2　先行節で述べられる事態の性質

|  | 未実現・仮定的 | 事実的・確定的 |
|---|---|---|
| 一般的 | A<br>① -ないまでも | C<br>① -ないまでも<br>② (-ない) にしても<br>③ (-ない) にせよ<br>④ (-ない) ものの |
| 特定的 | B<br>① -ないまでも<br>② (-ない) にしても<br>③ (-ない) にせよ | D<br>① -ないまでも<br>② (-ない) にしても<br>③ (-ない) にせよ<br>④ (-ない) ものの |

　表2のABCDのいずれの事態も、①「-ないまでも」節で述べることができる。しかし、A「一般的で未実現・仮定的な事態」は、②「(-ない) にしても」、③「(-ない) にせよ」、④「(-ない) ものの」で述べることはできない。

　また、B「特定的で未実現・仮定的な事態」は、②「(-ない) にしても」、③「(-ない) にせよ」でも述べることができるが、④「(-ない) ものの」で述べることはできない。

　さらに、C「一般的で事実的・確定的な事態」、D「特定的で事実的・確定的な事態」の場合は、①～④の形式がつくる節のいずれでも述べることができる。

　①「-ないまでも」節で述べる事態は、文脈によりABCDのいずれかに解釈される。「-ないまでも」節が表す意味は「程度の大きい事態を述べ、その程度の大きいところまでは及ばない」ことである。すなわち、程度の大きい事態を示すことが重要であり、素材としてのコトガラレベルの事態を示すことができれば、その意味機能を果たすことができる。その事態が一般的か特定的か、未実現・仮定的か事実的・確定的かという現実との関係づけ（モダリティにかかわる）は、「-ないまでも」節にとって重要ではない。後で述べるように「-ないまでも」節はテンスの対立をもたないし、推量などのモダリティにかかわる形

式に接続することもない。

　一方、「(-ない) にしても／(-ない) にせよ／(-ない) ものの」は、先行節中に程度の大きいことを表す単語が使われると、その (程度の大きい) 事態ではないという判断を表す。判断を表すことに関わって、表2のＡの事態、つまりコトガラレベルの事態を述べることはできない。さらに「(-ない) ものの」は、未実現・仮定的な事態を受けることができず、表2のＢの事態も述べることができない。

## 4.2　従属節の述語のテンス形式

　「-ないまでも」は常にこの形で使われるが、他の3形式は「ない」と「なかった」の両形式に接続する。

26)　最上の間ではなかったにしても、それに次ぐなかなか立派な畳敷きの
　　　座敷だから、蚤や虱がそうそう出たとは思われない。(マ)

27)　幕末期における西洋医学ほどのインパクトはなかったにせよ、やはり
　　　アメリカ式の教育や医療システムの違いには目を見張らされたに違いな
　　　い。(ア)

28)　賑やかな街路にあふれる人々の服装もずいぶんとモダンかつカラフル
　　　で、それらがどこの国の人なのかまでは見分けがつかなかったものの、
　　　その多くが西洋人であることだけは疑うべくもないことであった。(マ)

　上の過去形に接続する先行節では、過去のできごとについての判断を話し手が発話時に行っている。「-ないまでも」節は、程度の大きい事態を述べ、そこまでではないということを表すのであるから、その事態が時間軸上のどこに局在するかということは重要ではなく、テンスの対立は必要ないと考えられる。

## 4.3　「-ないまでも」節の陳述性に関連して

　「-ないまでも」節の述語にはテンスの対立がなく、現実の時間軸との関係づけの手段をもたないという点で陳述性が低いといえる。述語は「-ない」という形しかなく、「だろう」「そうだ (伝聞)」「はずだ」「のだ」などのモダリティにかかわる形式は現れない。

　また、先行節中に特定の時を表す状況語が使われた用例はなかった。前件と

後件は同時的であるので、時・場所を表す状況語は主節にかかっていく。先行節中に接続詞も現れない。

とりたて助辞ハに関しては、条件節中のような厳しい制限は見られないが、先行節と後続節の内容は対比的な意味をもつので、「-ないまでも」節中のハは多かれ少なかれ対比の意味をもつ。

29）　お互いに<u>友情</u>は持た<u>ないまでも</u>、<u>敬意</u>だけは払っていたからである。

（友）

16）　〔一部のみ再掲〕……言葉に出して<u>云い争い</u>はし<u>ないまでも</u>、変に意地悪い素振りを見せるようになりました。（痴）

2 ）　〔再掲〕子猫がかみつきます。<u>血</u>は出<u>ないまでも</u>、結構イタイです。

（Ya知2005）

用例5のように、提題のハは主節にかかっていく。

5 ）　〔再掲〕管理職が、第一線の状況、現場の状況を理解しないで、ただ号令をかけているだけでは、<u>社員の意識改革と新たな方向付け</u>は、不可能<u>ではないまでも</u>、困難であり長い時間を要する。（日本）

数は少ないが、「-ないまでも」節中に陳述副詞が使われた用例もあった。31) 32) は翻訳ものである。

30）　<u>さすがに</u>加寿姫には縄はかけ<u>ないまでも</u> 、扱いに情け容赦はなかった。

（太）

31）　その意味では、国会次元での意思決定にはたす一般国民の役割は、<u>たとえ</u>目にしかとは見え<u>ないまでも</u>、大きいとしなければならない。（ザ）

32）　この質問は、<u>絶対に</u>回答不能<u>ではないまでも</u>、すこぶる難問だと思う。

（予）

「-ないまでも」節に主格のガを使うことは可能である。

33）　今夜は、<u>雪が降らないまでも</u>、かなり冷え込みそうだ。

「-ませんまでも」の用例も、数は少ないがあった。

34) 何分二十年も以前の事で、十分とは参り<u>ませんまでも</u>、暮しに不自由
はございませんでしたから、同僚の中でも私などは、どちらかと申すと
羨望の的になったほどでございました。（疑惑）

以上のような「-ないまでも」節の特徴を、南（1993）のA類～C類従属句の
特徴に照らし合わせてみると、表3のようになる。

表3　「-ないまでも」節の特徴

| ・時／場所の修飾語が現れない<br>・否定形式しか現れない | →A類の性質 |
|---|---|
| ・述語のテンスの対立がない<br>・「〜マイ、〜ダロウ、〜ウ・ヨウ」が述語に現れない<br>・提題の「〜ハ」が現れない<br>・「タブン・マサカの類」が現れない | →A・B類の性質 |
| ・評価的意味の修飾語が現れる（数は少ない）<br>・主格の「〜ガ」が現れる<br>・「〜マセンマデモ」の用例も見られる（数は少ない） | →B・C類の性質 |

このように、「-ないまでも」節は、A類のみがもつ特徴の一部をもち、A・
B類の特徴がもつ特徴、B・C類がもつ特徴もいくつかもつ。このことから、「-
ないまでも」節の陳述的独立性はそれほど高くなく、A類に近いほうのB類と
いえるだろう。

## 4.4　「-ないまでも」節の文中での機能

　3.1で触れた日本語記述文法研究会編（2008）のいうように、逆接条件文が
「2つの事態の間にある予測された因果関係が実現しないことを表す文」であ
るとすると、「-ないまでも」が逆接条件文をつくる、その中の「おもに仮定的
な場合を表す」逆条件を表す、として問題がないだろうか。

　典型的な逆条件文というのは、「雨が降っても、出かける。」のように、前件
のできごと「雨が降る」と後件のできごと「出かける」という2つのできごと
間に通常予測される因果関係が成立しないことを表す文である。しかし、「-な
いまでも」の前件と後件で述べるのは、1つのものごとを程度の側面からとら

えた事態であり、前件と後件は一体的・同時的であり、2つの事態間の因果関係について述べているのではない。「-ないまでも」節は程度の限度を表すもので、むしろ、程度を表すはたらきに近い。つまり、「-ないまでも」節は主節の表す事態に程度の面から制限を加えるという意味特徴をもち、程度を表す修飾語節としてのはたらきにより近いと考えられる。

　では、「にしても/にせよ/ものの」節の場合はどうだろうか。これらの節の中心的な用法は、次の35）〜37）のように、2つの事態間の因果関係について述べる逆条件節としてはたらくものである。

35）　たとえ運良く〔出場の〕権利はとれた<u>にしても</u>、下手をすると出番が
　　　十五分などということにもなりかねない。(セ)

36）　彼〔雪舟〕が模した原図というものが中国にあるのかどうかは知らな
　　　いが、原図がある<u>にせよ</u>、雪舟の筆致は非常に違ったものを創り出して
　　　いるに相違ないと思われた。(雪)

37）　この日は、これといった材料がない<u>ものの</u>、ドル売り戻しの動きが強
　　　まった。(毎1995)

　「-ないまでも」と同じような用法の「にしても」「にせよ」「ものの」の用例9）〜14)、26）〜28）についても、前件は「認める」という判断の意味をもち、その程度ではないという判断を表している。前件の「程度が大きくない（という判断）」に対する通常の予想「小さい」に反する内容が後件にくるという逆条件文になっているとここでは考えておく。

## 5.　まとめ

　「-ないまでも」節は、程度の大きい事態を述べ、そこまでは及ばないことを表す。程度の大きい事態を示すことが重要であるから、陳述性のないコトガラレベルの事態を述べればその表現意図は十分伝えられる。「-ないまでも」節の陳述的独立性が相対的に低いのは、そういった意味機能と関連している。

　「-ないまでも」節は主節の表す事態に程度の面から制限を加えるという意味特徴をもち、逆条件節としてよりも修飾語節としてのはたらきにより近いと考えられる。

# 第9章

# 逆接的な関係をつくる「Ｎデモ」
## ──Ｎデモ（名詞＋とりたて助辞）とＮデモ（名詞譲歩形）──

### 要旨

　名詞にとりたて助辞デモがついたＮデモの極端な例をあげる用法のものと、述語名詞譲歩形のＮデモは、どちらも文中の他の要素と逆接的な関係をつくり、前者か後者か区別のつきにくい場合がある。そこで、両者の用例について、どの要素がどんな逆接的関係を作っているのかを見ていき、それぞれのＮデモの文中でのはたらきを分析し、区別がつきにくい場合の要因を考えた。その結果、次のような要因があげられることがわかった。

①形式が同じである

②どちらも逆接的な関係をつくる

③とりたて助辞デモの極端な例をあげる機能と関係して、Ｎデモ（とりたて助辞）のＮは極端な属性をもったものごとである。その属性が意味として前面に出てくると、述語名詞のはたらき、つまり名詞譲歩形のはたらきに似てくる

④Ｎデモ（とりたて助辞）の場合、主語がＮデモの前に現れる用例は多くない。Ｎデモ（譲歩形）の場合も、先行節の主語が現れない用例がある。文中で両者が現れる位置が似ている

⑤2.1中の「Ｎデモ（とりたて助辞）が逆原因を表す」場合、その逆原因と、述語が表す動作等とは別の事態で、2つの事態を表す複文と似ている

⑥Ｎデモ（譲歩形）が使われた用例で、《前件》《後件》が3.2で示す《主体の状態》《動作や状態》、《前提》《説明》の関係であるものは、前件と後件が同時的一体的で、1つの事態を表す単文に似ている。

　また、考え方によりどちらにもとれる用例があり、こういった用例は両者の連続性が見いだせるものである。

【キーワード】デモ　とりたて助辞　名詞譲歩形　逆接

## 1. はじめに

　Nデモのデモには、次のようなものがある。

　ａ．格助辞デ＋とりたて助辞モ

　　例　演奏会はまず札幌で行うが、帯広でも行う。(出典のないものは作例)

　ｂ．とりたて助辞デモの軽く例示する用法

　　例　お茶でも飲んでいきませんか。

　ｃ．とりたて助辞デモの極端な例をあげる用法 → 逆接的意味を帯びる

　　例　なんと、お子さんでも簡単に作ることができます。

　ｄ．述語名詞譲歩形の–デモ

　　例　会議が中止でも、資料は作っておく。


　その他、「だれでも」「何でも」など不定語にとりたて助辞デモがつきすべてのものごとを表すものや、「彼は私の後輩でもある。」のような名詞中止形とコピュラ「ある」の組み合わせが助辞モでとりたてられるNデモがある。

　上にあげたａ〜ｄのうちｃとｄのNデモは、どちらも文中の他の要素と逆接的な関係をつくり、またｃかｄか区別のつきにくい場合がある。そこで、ｃとｄの用例について、どのような要素がどのような逆接的関係を作っているのかを見ていき、それぞれのNデモの文中でのはたらきを分析し、ｃとｄの区別がつきにくい場合の要因を考えたい。ｃとｄの区別は、Nデモが１文中で文の成分となっている場合はｃ、主節の文の成分とならず従属節などの述語になっていると考えられるものはｄとするが、上にも述べたように区別のつきにくい用例もある。

　なお、「逆接の関係」とは、前件と後件が対等の資格で並ぶ対立的な関係や、原因・理由・条件・動機・目的・予定・前提・その他さまざまな要素をさしだしその帰結が通常の想定とは異なるものになる関係（広い意味での因果関係の不成立）をいう。「逆接」は、接続助辞で接続される節と節、接続詞で接続される文と文、連文と連文の関係をいう語であるが、ここでは１文中の成分どうしの意味的関係にも用いる。つまり、Nデモ（とりたて助辞）と、述語を中心とした

部分との関係が、通常の想定とは異なる場合に逆接的な関係になっているとする。

## 2. とりたて助辞デモが作る逆接的な関係

　名詞がとりたて助辞デモでとりたてられたNデモ（「Nデモ（とりたて助辞）」と示す）は、文中で述語以外の文の成分となり、場所や時、主体や対象などをさしだす。このNデモは、述語で表される動作・変化・状態・性質などと逆接的な関係を作る。その用例を以下に見ていく。

### 2.1　状況語がデモでとりたてられる場合

　Nデモが、述語で表される動作・変化・状態・性質が通常成立しないような状況をさしだすものである。ハダカ格やニ格の名詞がデモでとりたてられている。

・Nデモが時・状況を表す（ハダカ格・ニ格）

　1）　2人が住んでいたのは、煉瓦造りの小さな家であった。中流階級の人々が住む住宅街で、あたりは日中<u>でも</u>物音一つしない。（エネ）

　1）では、「日中」という名詞がどんな時かという時の属性を示している。とりたて助辞デモの極端な例をあげる機能とかかわって、「極端さ」を表す名詞がデモの前に置かれている。そして、述語の表す動きと逆接的な関係を作っている。

　2）　私は40年たった今<u>でも</u>彼の顔をはっきりと覚えている。（健康）

　2）では、「40年たった」でNデモがさしだす時の属性を示し、述語の表す状態と逆接的な関係を作っている。

　3）　白樺林を、涼しい風が吹き抜ける。真夏<u>でも</u>気温が20度を超えることはあまりない。（エネ）

　4）　たとえ深夜<u>でも</u>、この店ではフランス料理のコースが食べられると言う。（偶人）

4）のようにNデモが仮定的意味にもとれる場合には、陳述副詞「たとえ」と共起できる。陳述副詞と共起できるということは、そのNデモは述語性をもっているということであり、名詞譲歩形のNデモとの連続性を示すものでもある。

5）　また、従来買い手は、20年程度の長期にわたって一定量を引き取る義務を負う「テイク・オア・ペイ」を強いられ、暖冬や冷夏による需要減でLNGを引き取らない場合<u>でも</u>代金を払わなくてはならなかった。(エネ)

5）は、状況語節をデモでとりたてている。

### ・Nデモが場所を表す（デ格・ヲ格）

デ格名詞がNデモとなる場合、寺村 (1991) は、デ格名詞をモでとりたてていると見るべきであり、デ格名詞をデモでとりたてた場合はNデデモになるとしている (pp.125-126)。確かに「講演会は札幌<u>でも</u>行うが、帯広<u>でも</u>行う。」というような場合は、デ格名詞をモでとりたてていると見るべきである。しかし、本稿では10) 以降のようなNデモを、デ格名詞をデモでとりたてているのだが、NデデモとならずにNデモとなっていると考える。というのは、次のような理由からである。

① 　Nデデモは、軽く例示するデモの用例には見られるが、極端な例をあげる用法にはみられない。

　　例　ミーティングは喫茶店<u>で</u><u>でも</u>やりましょうか。

　　　　?喫茶店<u>で</u><u>でも</u>コーヒーを飲まない。

　　　　→喫茶店<u>でも</u>コーヒーを飲まない。

② 　6）7）8）のようにデ格以外の名詞をモでとりたてた場合は「たとえ」と共起できないが、6′）7′）8′）のようにデモでとりたてた場合は「たとえ」と共起できる。つまり、9）のNデモは「たとえ」と共起できるので、このデモは6）7）8）のように格成分をモでとりたてたものではなく、つまりデ格名詞をモでとりたてたものではなく、6′）7′）8′）のようにデモでとりたてたものと見るべきである。

　　例　*6）<u>たとえ</u>猿<u>も</u>木から落ちる。(ガ格)（*は非文法的な文であることを表す）

　　　　　6′）<u>たとえ</u>猿<u>でも</u>木から落ちる。

＊７）<u>たとえ</u>横綱<u>も</u>倒すことができる。（ヲ格）

　　７′）<u>たとえ</u>横綱<u>でも</u>倒すことができる。

＊８）<u>たとえ</u>敵<u>にも</u>塩を送ろう。（ニ格）

　　８′）<u>たとえ</u>敵（に）<u>でも</u>塩を送ろう。

　　９）<u>たとえ</u>暗闇<u>でも</u>分かる。（デ格）

③ モが使われた場合は、同類のものの中から極端な例をあげて、動作などがそこまで及ぶことを表す。デモの場合は、極端な例をストレートにより強く示す意味合いが強い。

　　「猿<u>も</u>木から落ちる。」と「猿<u>でも</u>木から落ちる。」

　　「横綱<u>も</u>倒すことができる。」と「横綱<u>でも</u>倒すことができる。」

　　「敵<u>にも</u>塩を送ろう。」と「敵（に）<u>でも</u>塩を送ろう。」

10）以降の用例は、デモの場合の意味にとれる。


10）　郵便局を民営化して、……そしたら、郵便物だけではなしに新聞配達もできるし宅配便もできる、帰りには空き缶や古新聞も回収する。そうすると、過疎地域<u>でも</u>商品流通や情報サービスが確保できる。（平成）

11）　その頬が、暗闇<u>でも</u>分かるほど、赤く染まる。（A god）


11）は、連体修飾節中の用例である。次の２例は、ヲ格の状況語をデモでとりたてている。13）は、連体修飾節中の用例である。

12）　『北極の日の出』号は氷海<u>でも</u>進めるそうだ。（エネ）

13）　やがて到来する銀輪の一団。平地ならばほんの数分、険しい上り坂<u>でも</u>数十分もあれば風のように駆け抜けてしまう黄金の足、足、足。（錦）


・Ｎデモが逆原因を表す（デ格）

14）　「海外旅行の料金は円安<u>でも</u>そう上がってないもんね、新聞広告を見て<u>も</u>」（平成）

15）　汗ばむ陽気<u>でも</u>、晩秋の季節感にとらわれて、なんとなくコートを手にしてしまうものだ。（朝日1997）

16）　「どうしてこんなことで？と思うような軽い衝撃<u>でも</u>、内側に見えない

ヒビが走っていれば、きっかけひとつで毀れてしまうもんだ」（百年）

・Nデモが目的を表す（二格）

17) 「五百メートルの買物でも車を使う人ですからね、体力的な心配があり
ますし、それにやっぱり、交通事故のこともあるし……」（錦）

## 2.2　主語がデモでとりたてられる場合

　Nデモが、述語で表される動作・変化・状態・性質が通常成立しないような
主体をさしだす用例である。

・ガ格

18) 「〔地雷が残っているところの開発を〕やるのは、リスクがあるか？」
「下手をすると人命にかかわります」
「人命にかかわる、か……」
さすがの亀岡でも、そこまでリスクは取れない。（エネ）

　18）は、Nデモが、何かを期待させる主体を表す。しかし、その期待に反す
る帰結になることを表している。

19) 　本の山を崩しているうちに矢的はとうとう目的のものに辿り着いた。
綴じた和紙に筆でしたためた記録帖である。話すことは達者な矢的でも、
癖のある江戸の変体仮名までは読めない。（偶人）

20) 　……なるべく生活に馴染んだテーマからスタートするので、若い人だ
けでなく、50代でもクラスにきちんと参加しているし、一定の能力をつ
けている。（産業）

21) 　キリシタンは一族郎党皆殺しという達しがあったそうで、たとえ赤ん
坊でも許されなかった。（偶人）

　21）は、現れていない主語、例えば「殺される者が」に対して、「赤ん坊でも」
が述語になっていると考えると、「赤ん坊でも」は譲歩形ともとれる。18）～
20）に比べて、21）のNデモが譲歩形であるとも考えやすいのは、前文脈によ
る。21）のようにNデモに対する現れていない主語を想定しやすい文脈であれ

ば、Nデモが譲歩形であるとも考えられる。次の用例も同様である。

22) 当時、PSA法に対する賛成派と反対派の間で激しい議論が交わされた
　　　が、エリツィン大統領は、「悪い法律<u>でも</u>ないよりはまし」と、独特の大
　　　雑把さで署名に踏み切った。(エネ)

22)は、「(それが)悪い法律<u>でも</u>ないよりはまし」のように考えれば、「悪い
法律<u>でも</u>」は譲歩形である。

・「〜ハ―ガ…。」構文の「〜ハ」
「〜ハ―ガ…。」構文の「〜ハ」がデモでとりたてられ、逆接的な関係を作っ
ているものである。ここでは、「〜ハ」が主語、「―ガ…」は合わせ述語である
と考える。

23) 健康な人<u>でも</u>登頂<u>が</u>難しいといわれる山だが、心臓を移植した人がこ
　　　れほどの記録を達成したのは前例がないと、……。(朝日1997)

23)は、「健康な人は　登頂が　難しい」という構文であると考えられる。また、
「登頂が　難しい」を主節とみて、「健康な人でも」は名詞譲歩形を述語とする
従属節である（主語は現れていない）と考えると、次節の「**3.2.3《逆条件》《結
果》の関係**」に分類される。24)〜26)も同様である。

24) 日本国民は、ゼロ金利の間に郵便貯金に240兆円ものお金を預けていた。
　　　……タンス預金<u>でも</u>大して金利<u>が</u>変わらない。(産業)

24)は、「タンス預金は　大して金利が　変わらない」という構文で、「タンス
預金は」がデモでとりたてられている。

25) 「そういう人間が、悪い奴だと思わせるのもむずかしいし、悪い奴<u>でも</u>、
　　　残された奥さん<u>が</u>可哀想だわァ、ということになるとまずいんだよ、きっ
　　　と」(太郎・大)

26) 中高齢者<u>でも</u>筋骨格系機能<u>は</u>運動により<u>高まる</u>。(骨粗)

26)は、「中高齢者は　筋骨格系機能が　運動により高まる。」という構文であ

り、「中高齢者は」がデモにより、「筋骨格系機能が」がハによりとりたてられている。

　先にも述べたが、上のような「〜ハ─ガ…。」構文の「〜ハ」がデモでとりたてられている用例は、《主語1＋Nデモ（名詞譲歩形）》《主語2＋述語》の主語1が現れていないものだともみることができる。「─ガ…。」の部分が《主語2＋述語》と考えられうるからである。その場合は、Nデモは名詞譲歩形となる。

## 2.3　補語がデモでとりたてられる場合

### ・対象（ヲ格・ガ格）

　Nデモが、述語で述べる動作が通常成立しないような対象をさしだすものである。

27)　それまではりそな銀行みたいなのを作ってはいけないというのが世界の常識だった。だが日本は、1500兆円もの個人金融資産、あるいは国の税金でも何でも使って、こうしたぼろバンク<u>でも</u>救うのだと決めた。（産業）

28)　福助は小さな男でしたが、汗水流して自転車を転がせば、大黒に負けず劣らず腹の大きなゑびす<u>でも</u>、好きなところへ連れていくことができます。（ゑびす）

29)　営業が判断できなければ、必ず社内の「特定貿易管理室」に相談する。営業の判断で問題がなしとされた取引<u>でも</u>、定期的に同室が再点検する念の入れようだ。（朝日2004）

30)　「風鈴さん、九龍城砦の水は、たとえ上水道から漏れてくるもの<u>でも</u>、飲めやしない。」（迷）

　30）は、「〜の水は　〜漏れてくるものが　飲めやしない。」という構文のガ格がデモでとりたてられている。また、「たとえ……でも」を従属節（主語は表れていない）とみなし、30）のNデモは名詞譲歩形であると考えることもできる。

### ・手段、方法（デ格）

　Nデモが、述語で表される動作・変化・状態・性質が通常成立しないような

手段・方法をさしだすものである。ここでも、2.1のデ格の状況語（場所を表す）と同様、「格助辞デ＋モ」ではなく「とりたて助辞デモ」であると考える。

31）「歩きだと、ここまでどのくらい？」
　　「大した時間じゃなかった。女の足でも一時間ちょっとかな。」（偶人）

32）　一番早い特急インターシティでも、スチャバまで六時間近くかかる。
（百年）

33）　預金保険機構の資金が底をつき、保険料率の引き上げでも賄えない場合は、税金で補てんすることもありうる——。（朝日1997）

33）は、「場合」を修飾する従属節中での用例である。

34）〔6億円で「日本の大学の支店」の1学科分を途上国で維持できる。〕実際には現地雇用、シニア人材の積極活用などで、さらに小さな予算でも生き生きとした研究教育施設を運営してゆくことができるでしょう。
（常識）


・相手、ありか（ニ格）

35）　そうそう軽々に、自分の手のうち、心のうちを、たとえ親にでもさらすものではない、と思う。（太郎・大）

36）「第一、君の親父さんは普通のサラリーマンの何千倍も金を持ってる。……こういう親父さんに家庭を守れと言っても無理な注文ってものだな。たとえデブで厭なじじいでも、こんなに金を持っていれば女が寄って来る。」（偶人）


　36）の「デブで厭なじじいでも」は「持っていれば」の主語と見ることもできるが、デモの後に読点があるので「寄って来る」がとるニ格補語と考えておく。この用例も21）22）と同様、文脈上「（それが）たとえデブで厭なじじいでも」のように現れない主語に対する述語名詞の譲歩形であるとも考えられる。同様に37）〜40）のような用例も、名詞譲歩形であると解する余地はあるだろう。次は、ありかを表すニ格名詞がデモで取り立てられている用例である。23）〜26）と同様、「〜ハ—ガ…。」構文だと考えることもできよう。

37) 不用品といっても何が売れるのでしょうか。書籍やCDなどのソフト類や子供服が代表例でしょう。また、挫折したダイエット器具や資格試験テキストが納戸で眠ってはいませんか。動かないパソコン<u>でも</u>部品取りのニーズがあります。（朝日2004）

38) 「へえ……あんな男<u>でも</u>、色々と口があるもんですね」（エネ）

39) 高齢者<u>でも</u>定期的な身体運動により筋機能の向上が見られる。（骨粗）

40) 近年、アメリカでは高齢者も積極的にマシントレーニングに取り組んでおり、80歳以上<u>でも</u>筋肥大と筋力向上効果が認められている。（骨粗）

## 2.4 修飾語（期間・頻度・数量・基準など）がデモでとりたてられる場合（二格・ハダカ格・デ格）

41) 逆にノンレム睡眠が深いと、レム睡眠からの切り替わりが早く、短時間<u>でも</u>十分な睡眠が取れるのです。（安眠）

42) 徹夜で課題をやっていて今とても眠いです。でも今から寝ると起きれなさそうだし、コーヒー以外でいい方法ありませんか？自分は、10分<u>でも</u>目を閉じて休みます。（Ya知2005）

43) 配達は週1回<u>でも</u>可能です。（市報）

44) 「四千億のためなら人を十人<u>でも</u>殺してやるわよ。」（偶人）

45) だから〔駅の〕東口もよくなるとかいって、ついこのあいだまでは、十万円くらいでけっこう売物があったが、この節は十五万円<u>でも</u>売らなくなっちまった。（買）

次の2例は、Nデモが属性をもったものごとを表し、「結構です」「いいの」という評価判断の基準を表している。

46) 「手書きの方はファックスで1番にお送り下さい。手書き入力装置でデジタル化します。途中<u>でも</u>結構です」（平成）

47) 一生涯、日かげ者<u>でも</u>いいの。（虚構）

## 2.5 2. のまとめ

以上、逆接的な関係をつくるNデモ（とりたて助辞）には、表1のようなもの

があった。

表1　述語以外の文の成分としての「Nデモ（とりたて助辞）」

| Nデモ | 語順 |
|---|---|
| **2.1　状況語**<br>時・状況・場所・逆原因・目的を表すハダカ格・ニ格・デ格・ヲ格 | ○Nデモ＋（主語）＋述語<br>→主語がNデモの前にあることもある。主語が現れない用例もある。 |
| **2.2　主語**<br>ガ格・「～ハ―ガ…。」構文の「～ハ」 | ○Nデモ（ガ格）＋述語<br>→文脈上《Nデモ（譲歩形）》《述語》ともとれるものがある。例 21）22）<br>○Nデモ＋合わせ述語（「～ハ―ガ…。」構文）<br>→23）～26）は、《Nデモ（譲歩形）》《主語2＋述語》ともとれる。 |
| **2.3　補語**<br>対象　　　　：ヲ格・ガ格<br>手段、方法　：デ格<br>相手、ありか：ニ格 | ○（主語）＋Nデモ＋述語<br>○Nデモ＋（主語）＋述語<br>→主語が現れない用例が多い。<br>→文脈上《Nデモ（譲歩形）》《（主語2）＋述語》ともとれるものがある。例 36）～40） |
| **2.4　修飾語**<br>期間・頻度・数量・基準などを表すニ格・ハダカ格・デ格 | ○（主語）＋Nデモ＋述語<br>→主語が現れない用例が多い。 |

　Nデモ（とりたて助辞）がさしだすものは、その名詞を修飾する部分でその属性が示されていたり、名詞自体が属性をもつものを表していたりする。これは、とりたて助辞デモの極端な例をあげる用法とかかわって、極端な属性を示すためである。そして、その属性をもつ状況・主体・対象・手段・期間などと、述語が表す動作・変化・状態・性質との間に逆接的な関係をみることができる。Nデモの名詞の属性が意味として前面に出てくると、述語名詞のはたらきに似てくる[1]。また、形式的にも述語名詞の譲歩形Nデモと同じだということもあっ

---

1)　鈴木重幸（1972）では、「名詞が述語になるばあい、基本的にはそれは主語によってしめされるものやことがらの性質や状態をあらわす。一般に名詞はものやことがらをさししめすが、述語になっているばあいには、そのものやことがらのもっている属性（性質や状態）が問題にされるのである。」（p.411）と述べている。

て、Nデモ（とりたて助辞）に述語的な性格が認められ、陳述副詞「たとえ」と共起できるものもある。21）〜26）・36）〜40）のように、構文のとらえ方によってNデモ（とりたて助辞）ともNデモ（譲歩形）とも考えることができるものがある。この点が、両者の区別がしにくいことの一因である。21）〜26）36）〜40）は、両者の連続性が見いだせる用例である。

## 3. 述語名詞の譲歩形Nデモが作る逆接的な関係

　名詞が重文や複文の先行節の述語となって活用し、譲歩形Nデモという形をとる用例を以下にみていく。

### 3.1　重文の先行節の述語となるNデモ（対立的並立関係）

　前件と後件が対等な並立関係（意味的には対立的）になっていて、Nデモが重文の先行節の述語になっている用例を次にみていく。

48）　その夜遅く充子は、ブカレストの大使館に電話をかけた。日本が深夜<u>でも</u>、ブカレストはまだ夕方である。（百年）

49）　「十年前に沈没船から出たのは、十八世紀半ばの若い磁器が大方というやないか。いったいそんな物がどうして馬鹿売れしたんかのう」

　　　……萬田は轟が持ってきた古染めの欠け皿や欠け茶碗に、思わず黙って目を落とす。こちらは浜辺の貝掘り仕事の成果だが、産地は同じ景徳鎮<u>でも</u>時代は明末天啓期で古い。（人が）

49）は、目の前の皿や茶碗は、沈没船から出た磁器と産地が同じだが、時代が古い、ということを言っている。

50）　「海外市場だけじゃありません。日本国内でもアジア東欧製品が拡<sup>ひろ</sup>まっています。人手不足の国産メーカーが自社ブランドで販売してるから」

　　　「なるほど、名前は日本品<u>でも</u>中味は輸入品ね」（平成）

51）　「いや、笑って、悪かった。たしかに、たれかに仕えようとするとき、占いで決める者はすくなくない。なんじが吉<u>でも</u>、わたしの将来が吉でなければ、まことの吉にはならぬ。そうではないか」（沙中）

51）は条件節中の「なんじが吉でも」「わたしの将来が吉でなければ」の部分が並立関係になっている。48）～51）の《先行節》《後続節》の主語と述語は、《主語1＋Nデモ》《主語2＋述語》という現れ方である。先行節の主語も後続節の主語も置かれている。

次は、(主語)《Nデモ》《述語》のように1つの主語に対して、Nデモと文末述語の2つの述語があるふたまた述語文である。

52）　矢的「加島の犯罪を暴くのが目的だと主張しても、ぼくらの行為は認められないよ」

　　　　(中略)

　　　　雄二「ま、矢的の判断に間違いはねえ。オレたちにゃ正義<u>でも</u>、世間から見りゃ強盗団だぜ」(偶人)

次の用例は、自分の最後の日＝ボーナス・デイを想像しているところである。

53）　そうか、今日はボーナス・デイだったっけ、なんてぼうっとした頭で思い出すんだ。……その日は典型的で模範的な冬の朝だ。最後にしては華々しさに欠けるが、僕にとってはボーナス・デイ<u>でも</u>他の人にとっては「いつもの朝」に変わりないのだから、それはまあ仕方がない。(春の)

53）は、(その日は)「僕にとってはボーナス・デイ<u>でも</u>」「他の人にとっては『いつもの朝』に変わりないのだから」の部分が並立関係になっている。

## 3.2　複文の従属節の述語となるNデモ
### 3.2.1　《主体の状態》《動作や状態》の関係

従属節のNデモが主体の状態をさしだし、主節でその状態のとき成立する動作や状態を述べる。通常の想定では、Nデモの状態のとき、主節の述語で表される動作や状態は成立しないが、以下の用例では成立するという逆接的な関係を表す。前件と後件は同時的・一体的である。以下の用例は、(主語)《Nデキ》《述語》という現れ方だが、主語が現れないものが多い。

54）　なお、小堀の家族は妻と娘三人の女性四人組、「私抜き<u>でも</u>、彼女らだけで充分成り立っている家庭」なのだそうだ。(錦)

54）は、（小堀の家庭は）「私抜き<u>でも</u>」「彼女らだけで充分成り立っている」という連体修飾節中の用例である。

55）　だから、コックは七十歳になったら、自分ではまだ若いつもり<u>でも</u>、勇退しなけりゃいけない。（太郎・高）

56）〔巨大油田の開発は、イランの国営石油会社がやれば、日本企業の半分の費用と期間ですむという記事を読んで〕「日本の協力なし<u>でも</u>、自力開発できる、か……）」（エネ）

次は、「～ハ　〈―ハ …デモ、〉〈―ガ … 〉。」という構文になっていて、合わせ述語が二つある文である。

57）〔太郎は、明倫大学と北川大学のうち、北川大学を選んだ。〕明倫は大学としての格は上<u>でも</u>、太郎が本当にやりたい学問の講座がなかったからである。（太郎・大 解説）

### 3.2.2　《前提》《説明》の関係

あるものの全体像や概要、一側面をさしだす名詞に「デモ」がついて前提となり、その前提に反する説明が主節で述べられるものである。前件と後件は同時的・一体的である。《（主語1）＋Nデモ》《（主語2）＋述語》で、Nデモの前に主語が現れていないものが多い。

58）「その」と長火鉢のそばにうずくまっている古唐津の壺を指さして、咲山夫婦に話す。「汚い壺<u>でも</u>、その形を作った土も、ロクロも今はない。」
（人が）

58）は、「汚い壺でも、その土もロクロも今はないのだから復元できず、価値のある壺だ」ということを言っている。

59）　初めはそんな自然の成り行きであてもなく考えだしたこと<u>でも</u>、想像が膨らんでいくうちにそれは僕にとってなんらかの役に立つものが含まれているように感じられてきた。（春の）

60）〔欧米では〕子供向けのアニメーションなどで、……喫煙シーンを描く

ことは、……健康に百害あって一利ないタバコに、プラスのイメージを付与することに直結する、と考えられています。その結果、日本で広くオンエアされた連続アニメーションでも、「おじいさん」やら「ムーミンパパ」やらがパイプを吸ったりするシーンが、議論になったりカットの対象になったりするわけです。(常識)

61) たとえ、田舎の、ろくでもない駅弁大学でも（今は駅弁の値上りと共に駅弁大学も、だんだん高嶺の花にはなったけれど）その構内に生える一本の木に親しみを覚えれば、自分は、その木によりかかろう、と思うだろう。(太郎・大 解説)

次のように「同じNでも、……。」という文もここに入れたが、範囲を表すデ格名詞がとりたて助辞デモでとりたてられているとも考えられる。

62) 同じ旧財閥系大手総合商社でも、五井商事の社員が紳士だが役人的といわれるのに対し、東洋物産の社員は桁外れの豪傑が多い。(エネ)

### 3.2.3 《逆条件》《結果》の関係

従属節が仮定的・既定的条件を表し、主節で通常の想定とは異なる結果を表す。《(主語1)＋Nデモ》《(主語2)＋述語》になるものが多い。

63) 「今日は休日でも全国で十万台の現金自動支払い機が動いています。」

(平成)

64) オートバイは友人からの借り物だった。これならたとえ相手が車でも追いかけて行ける。(女)

65) 「しかし、何といっても宣伝効果が大きいのは口コミです。聞かせる相手は一人でも、次々と拡がりますからね、企業は消費者の声に敏感です」

(平成)

66) その時、ベルが鳴った。ふと、それが強盗でも、楽しく面白いような気がして、太郎は覗き穴から相手を見確かめることも無くドアを開けた。

(太郎・大)

66)は、「それが強盗でも、」「楽しく面白いような気がして」の部分が逆条

件と結果の関係になっている。

67）　だから、ぼくの立場では、相手がたとえ友人<u>でも</u>、回収の見込みのつかぬ金は貸せない。（買）

68）　「友人<u>でも</u>生存競争に容赦はないと言った。」（買）

69）　ただ、10時閉園<u>でも</u>9時半ごろに終了してしまうアトラクションもあるので注意です。（Ya知2005）

70）　難しい案件<u>でも</u>、まずはチャレンジありき。（エネ）


次は、当時の年齢を高めに見積もっても、現在それほど年をとっていないという〈逆条件－結果〉の関係になっている。

71）　「この記事を書いた記者をなんとか見つけられんものかな。二十三年前の記事なら当人が健在かもしれん。仮に当時四十前後<u>でも</u>、六十代の前半だ。渦中にいた加島やめぐみ夫人が元気なんだから、生きてて不思議じゃない。」（偶人）


次は、主語2《Nデモ》《述語》となっている。

72）　仕入れ値は新品<u>でも</u>定価の二割か三割だな、それを大幅な利をとって売る。（地獄）


72）は、「新品でも」の前にある「仕入れ値は」が、主節の述語「定価の二割か三割だな」の主語になっている。


## 3.3　3. のまとめ

　以上、述語名詞譲歩形のNデモを含む文には、表2のようなものがあった。


## 4.　おわりに

　とりたて助辞がついたNデモは1文中で文の成分となり、述語を中心とした部分と逆接的な関係を作って構文的・意味的役割をはたしている。名詞譲歩形のNデモは、先行節の述語となり逆接的な関係で後続節と接続する。しかし、上に見たように、両者とも単純ではない構文の中に現れて、構文的な役割がと

表2　述語名詞譲歩形のNデモを含む文

| 逆接的関係 | 語順 |
| --- | --- |
| 3.1　重文の先行節の述語となるNデモ（対立的並立関係） | ○《主語1＋Nデモ》《主語2＋述語》<br>○（主語）《Nデモ》《述語》<br>→ふたまた述語文、主語が現れないものが多い。 |
| 3.2　複文の従属節の述語となるNデモ | |
| 3.2.1　《主体の状態》《動作や状態》の関係<br>（通常の想定では成立しない） | ○（主語）《Nデモ》《述語》<br>→主語が現れないものが多い。 |
| 3.2.2　《前提》《説明》の関係<br>（前提に反する説明） | ○《（主語1）＋Nデモ》《（主語2）＋述語》<br>→主語1が現れないものが多い。 |
| 3.2.3　《逆条件》《結果》の関係<br>（通常の想定では成立しない） | ○《（主語1）＋Nデモ》《（主語2）＋述語》<br>→主語1または主語2が現れないものも多い。<br>○主語2《Nデモ》《述語》→今回は1例のみ |

らえにくく、両者の区別がつきにくい場合がある。両者の区別がつきにくい理由としては、

① 形式が同じである。

② どちらも逆接的な関係をつくる。

③ とりたて助辞デモの極端な例をあげる機能と関係して、Nデモ（とりたて助辞）のNは極端な属性をもったものごとである。その属性が意味として前面に出てくると、述語名詞のはたらき、つまり名詞譲歩形のはたらきに似てくる。

④ Nデモ（とりたて助辞）の場合、主語がNデモの前に現れる用例は多くない。Nデモ（譲歩形）の場合も、先行節の主語が現れない用例がある。文中で両者が現れる位置が似ている。

⑤ 2.1中の「Nデモ（とりたて助辞）が逆原因を表す」場合、その逆原因と、述語が表す動作等とは別の事態で、2つの事態を表す複文と似ている。

⑥ Nデモ（譲歩形）が使われた3.2.1《主体の状態》《動作や状態》の関係、3.2.2《前提》《説明》の関係では、前件と後件が同時的一体的で、1

つの事態を表す単文に似ている。

ということがあげられる。どちらともとれる用例21）〜26）、36）〜40）などは、両者の連続性が見いだせるものである。起源的には格助辞デなのか中止形デなのか、もっとさかのぼると「格助辞ニ＋テ」なのか「助動詞ナリの連用形ニ＋テ」なのかの問題になるのだろう。

第10章

# 「過不足・優劣」を表す動詞連体形について
## ──「上回る」を中心に──

### 要旨

　「過不足・優劣」を表す動詞のうち「過・優」を表す「上回る」や「こす・こえる」「まさる」「しのぐ」は、文末述語に使われて、変化を表すものもあれば、変化を表さず状態・性質的意味を表しはじめからアスペクトから解放されているものもある。本稿では、これらの動詞の連体形スル／シタ／シテイル／シテイタの各語形が、アスペクト的な意味を表しているのか、あるいはアスペクト的な意味を表さず特性や状態を表しているのかについて調べた。その結果、これらの動詞連体形で最も多く使われるのはスルで、特性を表すものだった。シタ・シテイルも特性を表すものがあった。その他に、変化の実現と結果現存を表すシタ、結果性の弱い状態を表すシタ、ある時点での状態を表すシテイル・シテイタがあった。

【キーワード】動詞連体形　　過不足・優劣　　特性　　状態　　変化

## 1. はじめに

　日本語の授業で、ある留学生が次のような文を作った。

　　1）　今回のコンサートチケットの販売は、前回を<u>上回った売り上げ</u>だった。

　著者は「前回を<u>上回った売り上げ</u>だった。」ではなく「前回を<u>上回る売り上げ</u>だった。」のほうが適切だと思ったが、その留学生は、過去のできごとだから過去形だと考えたようだった。また、次のような例であれば、「上回った」でもそれほど違和感はないように思う。

　　2）　前回を_____売り上げに驚いた。（出典のないものは作例、以下同）

さらに、次のように連体過去形を使った用例も見られる。

3）　既存店売上高が5カ月連続で前年を<u>上回った</u>実績は素直に評価したい。

（Yブ2008）

「上回る」は「過不足・優劣」を表す動詞のうちの1つであるが、その連体形スル／シタ／シテイル／シテイタはそれぞれどう違うのだろうか。他にも次のような「過不足・優劣」を表す動詞の連体形の用例が見られる。

4）　人口百万人を<u>超す巨大都市</u>は六市を数えるにとどまり……（米国）

5）　青色レーザを使ったDVD（次世代DVD）を遙かに<u>超えた容量</u>を実現する
　　可能性を見せてくれるものを取り上げましょう。（よく）

6）　技術や経営に関するノウハウの蓄積や、情報収集能力において一般的
　　に<u>優っている納入先企業</u>と頻繁に接触することにより、有益な情報やノ
　　ウハウの吸収が期待できる。（経済1990）

7）　〔アニメ「ちびまる子ちゃん」は〕子どもの目から見た社会批判もあっ
　　て、一時は『サザエさん』を<u>しのぐ視聴率</u>を記録した。（20世紀）

8）　ちょうど3人で<u>割り切れる数</u>だった。

9）　前年に<u>並ぶ</u>ペースだ。

10）　賞賛に<u>値する数字</u>だった。

このような動詞の連体形スル／シタ／シテイル／シテイタがどう使われるのかを明らかにするために、今回は「過不足・優劣」を表す動詞のうち、「上回る」を中心に「こす・こえる」「まさる」「しのぐ」の「過・優」を表す動詞連体形について調べた。被修飾名詞Nが「こと」「とき」などの形式名詞の用例は除いた。また、Nが「事実」「事件」「しくみ」「印象」などで、連体形が述語となる節が内容補充節になっている用例も除いた[1]。

---

1）　このような名詞を修飾する連体形は、「過不足・優劣」を表す動詞に限らず、文末
　　述語が表す時との関係も影響すると予想されるため、別に考察するほうがよい。

## 2. 先行研究

### 2.1 高橋 (2003)・高橋他 (2005)

高橋 (2003)・高橋他 (2005) は、関係を表す動詞の連体形は、非過去形と過去形の両方が使われて、その両者に意味の違いがないことが多いと述べ、次のような例をあげている。

　・哲学に<u>関係する</u>表現として
　・それらの中国のどの顔々とも<u>ちがう</u>落ちつきと
　・川井との縁談に<u>関した</u>会合であることは
　・きのうとはまるで<u>ちがった</u>さむいくもり日のひるに

そして、関係を表す動詞の連体形がスルでもシタでも意味が変わらないのは、終止形のスルであってもシテイルであっても、意味が変わらないことと関係していると述べ、次のような例をあげている。

　・そのかぎり、現象は偶然性を<u>ふくむ</u>。
　・これはなかなかおもしろい問題を<u>ふくんでいます</u>。

さらに、関係は状態＝性質的なものであって、運動の過程を含まないから、関係を表す動詞ははじめからアスペクトから解放されている。そのためスルとシテイルというアスペクト的な形式の違いを無意味にしてしまうのだと述べている。


「～を上回る」「～をこす・～をこえる」「～にまさる」「～をしのぐ」は、ヲ格またはニ格名詞で示される基準との関係で「過・優」を表し、数量・程度・優劣などの大小・上下関係を表す（他の意味も表すが、本稿では「過・優」を表すものだけに限定した）。また、これらの動詞は次のように文末に使われて変化の実現を表す場合もある。

11)　生産年齢人口（15〜64歳）は平成7 (1995) 年以後減少に転じ、平成9 (1997) 年には65歳以上の老年人口が年少人口（0〜14歳）を<u>上回った</u>。（社会保）

12)　……こうして1910年、ウィーンには17万5千人のユダヤ人が住み、全人口の8％強を占めた。1920年にはついに20万人を突破、人口の1割を<u>超した</u>。（ウィ）

また、変化の過程のない用法もある。

13)　質感は互角。モンデオは欧州車のレベルを保ち、レガシィB4もそれに近い仕上がりだ。ただしリヤシートでの居住性は、モンデオのほうが座り心地、開放感ともに<u>上回る</u>。（dri）

14)　「沈めるといってもいったいどこに？」「アリューシャン海溝の深海底だ。水深は七千メートルを<u>越す</u>。……」（太平洋）

15)　携帯情報は新聞に比べて一覧性や詳細性はないが、見出しの速報性では<u>勝る</u>。（ケー）

16)　利休の流れをくむ三つの千家のなかで、裏千家はいわば分家にあたるのだが、流派としての大きさは本家といえる表千家をはるかに<u>しのぐ</u>。

（産経2005）

13)　～16)のように、終止形スルとシテイルの対立がないものが多い。

参考までに、関係を表す動詞「関する」「関係する」「違う」「含む」と、「過・優」を表す動詞「上回る」「こす・こえる」「まさる」「しのぐ」の連体形と文末述語に使われた終止形のスル／シテイル／シタ／シテイタの用例数を表1に記しておく。被修飾名詞が形式名詞であるものや、連体修飾節が内容補充節になっているものを除く。『現代日本語書き言葉均衡コーパス』（国立国語研究所）から集めた用例の数である。用例採集時期により多少の変動があるので、概数、だいたいの傾向として見てほしい（以下、このコーパス以外からの用例を引用することもある）。

## 2.2　須田（2009）

　須田（2009）では、動詞連体形のシタとシテイルで違いが見られない動詞について、連体形が状態・特性・関係を表すものに分けて、どのようにシタとシテイルが使われているかを考察している。状態を表す連体形はシタが多いがシテイルもあり、特性を表す連体形はおもにシタとなり、関係を表す連体形はシタよりもシテイルが多いが、スルも使われるとしている。そして、関係の場合

## 表1　連体形と文末述語終止形の用例数
### （①〜④は関係を表す用例のみ　⑤〜⑨は「超・優」を表す用例のみ）

| | | スル | シテイル | シタ | シテイタ |
|---|---|---|---|---|---|
| ① | | 関するN｜多数 | 関しているN｜0 | 関したN｜31 | 関していたN｜0 |
| | | 関する。｜2 | 関している。｜0 | 関した。｜0 | 関していた。｜0 |
| ② | | 関係するN｜440 | 関係しているN｜50 | 関係したN｜108 | 関係していたN｜10 |
| | | 関係する。｜53 | 関係している。｜106 | 関係した。｜1 | 関係していた。｜8 |
| ③ | | 違うN｜多数 | 違っているN｜36 | 違ったN｜多数 | 違っていたN｜8 |
| | | 違う。｜多数 | 違っている。｜211 | 違った。｜235 | 違っていた。｜300 |
| ④ | | 含むN｜多数 | 含んでいるN｜78 | 含んだN｜676 | 含んでいたN｜6 |
| | | 含む。｜多数 | 含んでいる。｜246 | 含んだ。｜2 | 含んでいた。｜77 |
| ⑤ | | 上回るN｜643 | 上回っているN｜13 | 上回ったN｜29 | 上回っていたN｜4 |
| | | 上回る。｜49 | 上回っている。｜236 | 上回った。｜189 | 上回っていた。｜22 |
| ⑥ | | こすN｜217 | こしているN｜1 | こしたN｜27 | こしていたN｜0 |
| | | こす。｜19 | こしている。｜10 | こした。｜10 | こしていた。｜4 |
| ⑦ | | こえるN｜525 | こえているN｜56 | こえたN｜73 | こえていたN｜19 |
| | | こえる。｜171 | こえている。｜185 | こえた。｜153 | こえていた。｜76 |
| ⑧ | | まさるN｜203 | まさっているN｜3 | まさったN｜3 | まさっていたN｜1 |
| | | まさる。｜32 | まさっている。｜7 | まさった。｜4 | まさっていた。｜6 |
| ⑨ | | しのぐN｜123 | しのいでいるN｜0 | しのいだN｜0 | しのいでいたN｜0 |
| | | しのぐ。｜11 | しのいでいる。｜12 | しのいだ。｜3 | しのいでいた。｜5 |

・「関する」は、文末述語がスル／シテイル／シタ／シテイタであるものはごく少ない。

・「関係する」は文末述語としても使われるが、過去形は少ない。文末述語に使われた非過去形は、恒常的な関係を表す。例）中高年シニアは兎にも角にも適正体重を維持することが健康に繋がる。それは食事のバランスと運動量に関係する。（Yブロ2008）

・「含む」は、文末述語の過去形「含んだ。」は少なく、次のように「含んでいた。」が小説の地の文で多く使われる。例）「弓七の馬鹿は、わが子一人も育てられないの…」その声音は静かな怒りを含んでいた。（花芒）

・文末述語に使われた「上回る」は、非過去形では「上回る」よりも「上回っている」のほうが多く、過去形では「上回っていた」より「上回った」のほうが多い。

・「こす」と「こえる」では、「こえる」の用例のほうが多い。ここでは、「こす」「こえる」は意味の違いがほとんどないので一括して扱う。

・「まさる」「しのぐ」は、連体形スル以外は用例が少ない。

スルとなるものについて、「配置関係や存在など、関係を表すものは、スルの形をとるという特徴も持つ」と述べて次のような用例をあげている。

・道路をはさむ向側の官庁の建物……（下線は須田2009のママ、一部のみ引用、出典略）
・……箕面川をまたぐケーブルカーの駅……
・……舗道の片側に並ぶ巨大な倉庫の建物……
・わずかな光に浮かぶ若い男の頬骨の高い顔……
・……すでに白々しく建物の正面に点る赤い灯り……

「上回る」「こす・こえる」「まさる」「しのぐ」の連体形の用例数は、表1に示したようにスルが圧倒的に多い。本稿では、各連体形が「特性」を表しているのか「状態」を表しているのかを中心に見ていく。連体形が、数量・程度・優劣などの大小・上下関係を、変化の過程のない恒常的な属性として表していれば「特性」とし、変化結果の現存あるいは持続、ないしは単なる一時的な属性として表しているものを「状態」とする。

## 3.「上回る」の連体形

「上回る」の連体形は、表1にあるようにほとんどがウワマワルの形である。

### 3.1　ウワマワル

①数量の特性を表す

被修飾名詞Nが数量名詞で、その数量がヲ格名詞で表される基準を超えているという特性を表す場合、ウワマワルが使われる[2]。

17)　民主50自民49公明11全議席確定……民主党は改選38から躍進し、自民

---

[2]

表2　Nが数量名詞である用例の数（ヲ格名詞で表される基準を超えているという特性）

| ウワマワル | 104 | ウワマワッテイル | 0 | ウワマワッタ | 2 | ウワマワッテイタ | 1 |
|---|---|---|---|---|---|---|---|
| コス | 1 | コシテイル | 0 | コシタ | 0 | コシテイタ | 0 |
| コエル | 7 | コエテイル | 0 | コエタ | 0 | コエテイタ | 0 |
| マサル | 0 | マサッテイル | 0 | マサッタ | 0 | マサッテイタ | 0 |
| シノグ | 1 | シノイデイル | 0 | シノイダ | 0 | シノイデイタ | 0 |

を上回る50を獲得。（新潟2004）

　17）は、選挙結果の民主50議席という数を、自民49議席との関係で「上回る」と表している。この「上回る」は、変化の過程のない、単なる49と50との関係を表している。
　18）　その財源は、益金が6350万円見込まれていたものの、それをはるかに上回る1億円を募債によって調達する予定になっていた。（近代）

　18）は、「募債によって調達する1億円」は元々「益金6350万円」より多く、変化の過程のない関係である。
　19）　ドレッドノートは、全長160メートルで、周囲を最大28センチメートルの鋼鉄で装甲した戦艦で、排水量はそれまでの最大の戦艦の1万5千トンを上回る1万7千9百トン、主砲として12インチ（30センチ）砲十門を搭載していた。（海から）

　現実の状況は、変化の過程があると考えられるものでも、連体形ウワマワルは、その変化・時間性は切り捨て、数量の大小関係を特性として表す。
　20）　新八景を選定するという企画で……国民の投票をもとに、審査委員が……選定するという仕組みである。この企画に当時の総人口を上回る9320万票が寄せられた。（都市）

　しかし、次のように「35年ぶりに」という特定の時間が示されているものは、連体形は特性を表すという側面をもちつつ、変化・時間性をも表していると考えられる。
　21）　法政が68年春に記録したシーズン最高チーム打率3割4分6厘を35年ぶりに上回る3割4分7厘の記録的猛打だった。（週朝2003）

②特性としての数量関係を表す
　Ｎが数量で規定されうるものを表す場合、ヲ格名詞で表される基準より多いという数量関係を連体形が表すものである。

22)　売上（5152億円）をはるかに<u>上回る</u>キャッシュを保有している。（経営者）

23)　海外の銀行とのインターバンク取引が日本でも、イギリスでも全外為取引の半分を<u>上まわる</u>シェアを占めている。（円）

24)　人口の構造並びに人口高齢化を見通しました場合に、平均二人とちょっとそれを<u>上回る</u>子供数が平均的に確保されれば一番よい状態だと思っているわけでございます。（国会1984）


③特性としての程度を表す

　Nが表すものごとの程度を表すもので、ヲ格名詞が表す基準より「強・優」であることを表す。

25)　いまイラクでは、18ある県の中で、11の県はほぼ治安が回復している。……北部のクルド人の地域もそうだ。むしろフセイン時代を<u>上回る</u>活況を呈している。（次の）

26)　八千人を収容できる豪華なホールに、漱石は『野分』の高柳をはるかに<u>上回る</u>驚きを覚えたにちがいない。（漱石）

27)　ダイオキシンは目に見えませんが、その毒性はたいへん強いものです。人工的につくりだされた毒物としては、青酸カリやサリンを<u>うわまわる</u><u>毒性</u>をもつことから「地上最強の猛毒」といわれるほどです。（中学）


④程度のはなはだしさを表す（特性）

　④は③の延長線上にあるもので、「～をウワマワルＮ」のヲ格名詞が程度の大きいものを表し、それとの比較のうえで程度のはなはだしさを表すものである。

28)　足利高氏の勢いがさかんにならぬうちに征伐しておかなければ、北条高時を<u>上回る</u>悪逆、強大な敵となりかねません。（山本）

29)　長嶋氏は彼ら〔＝王貞治氏・金田正一氏・張本勲氏〕をはるかに<u>上回る特別な選手</u>だった。（球場）

30)　ギリシャ人の生活にチーズは欠かせず、フランスを<u>上回る</u>世界一の<u>チーズ消費国</u>として知られている。（C.P.A.）

31)　この《第五番》一曲だけで、マタチッチ〔＝指揮者〕がクナッパーツ

ブッシュ〔＝指揮者〕やシューリヒト〔＝指揮者〕と並ぶブルックナー
の大家であることが立証された。夢にまで見たクナッパーツブッシュの
実演を彷彿とさせ、ぼくにとって神か悪魔のような彼のレコードをさら
に上まわるブルックナーを耳にして、新しい芸術家を発見した歓びに胸
がふるえた。(モー)

⑤その他

次のように、言葉の定義で使われるものもある。

32)　人口が増えたのは東京のほか、愛知、滋賀、神奈川、千葉、埼玉、沖縄。
沖縄以外の6都県では、人口の流入が流出を上回る「社会増」が目立っ
ており、都市部への人口移動が続いている。(Yブ2008)

33)　このうち貸しビルを経営する3社は、自己資本を累積赤字が上回る債
務超過になる見通しだ。(朝日1997)

## 3.2　ウワマワッタ

ウワマワッタの用例は29例と少ないが、その中でどのようなものがあるかを
あげておく。

①変化の実現と結果の現存を表す

34)　このほかの商品で輸出額が前年を大幅に上回ったものとして、血清、
ワクチン等、抗生物質製剤、グリコシド類、胃腸薬などがある。(通商
1991)

34)は1991年の『通商白書』で、90年の輸出額がその前年を上回るという変
化の実現と、その結果の現存が表されている。

35)　平成23年10月の「高齢者住まい法」の改正により全国各地で開設ラッ
シュを迎え、その登録件数が20万戸を上回ったサービス付き高齢者住宅。
(JP)

②変化の側面、結果性が弱い連体形ウワマワッタ

変化の側面、結果性が表される程度には大小があり、それが弱まり単に状態

を表すと思われるものがある。36）は「一時期」という語が状態の期間を表している。

36）〔小泉内閣の支持率は80％を超えたことがあった。〕一時期80パーセントを<u>上回った高い内閣支持率</u>というのは、まったく浮動的なものである。

（小泉）

37）　今後も東アジア・太平洋域を訪れる国際観光客は世界平均を<u>上回った伸び率</u>で推移し、2020年の順位は中国、タイ、インドネシアとなり、マレーシアはインドネシアに比肩すると予測されている。（民族）

38）39）は、最初から上回っていた場合も想定でき、その場合は変化の側面、結果性がなく、単に状態を表す。

38）　ナ・リーグ中地区のアストロズが7日、カージナルスを9-2で破り、同地区を2年ぶりに制した。両チームは93勝69敗で並んだが、直接対戦成績で<u>上回ったアストロズ</u>が優勝となり、………（北海道2001）

39）　ベンチマークは運用成績の相対的な評価基準の意味で、株式市場の平均株価インデックスなどを比較対象に利用する。……たとえば、株式市場が数年にわたって低迷していたのなら、実質の成績はマイナスでも、ベンチマークを<u>上回った成績</u>といって大きな顔ができる。（あなた）

③変化の実現を表す

　連体形が、ヲ格名詞で表される基準より少ない状態からそれより多い状態へと変化したことを表すものである。変化の実現を表し、その結果の現存については述べていない。用例は少ない。

40）　国内貨物流通の分野では、57年度にはじめて郵便小包の取扱個数を<u>上回ったトラック宅配便</u>が、その後も急成長を続け、58年度には郵便小包の2倍に達するに至った。（運輸1984）

　40）は、「57年度」という絶対的な時を表す単語、初回を表す「はじめて」という単語が使われていることから、この「上回った」は、過去のある時点に

おける変化の実現を表していると考えられる。

41) 百貨店でも、7月、8月には前年水準を<u>上回った</u>婦人服が9月は1.7%
減と再び前年割れになったほか、食品から雑貨まであらゆる品目がマイ
ナスになった。（朝日1997）

42) 〔1977（昭和52）年3月12日の発話〕日本と韓国とのいわゆる協定数量
というものは、昭和51年度につきまして、51年の12月ごろの輸入実績か
らいきますと、3月の末までには協定量を相当<u>上回った輸入</u>が行われる
のではなかろうかという新聞記事等が出て、……（国会1977）

④特性としての数量関係や程度を表す

特性としての数量関係や程度を表す連体形はウワマワル（**3.1**）が多く、ウ
ワマワッタでは次のような用例があった。

43) ……、メタルストラップのモデルが3万6800円と予想を大幅に<u>上回っ
た価格</u>だった。（AS）

44) 顧客満足とは、顧客の期待を<u>上回った価値</u>提供が行われたときにはじ
めて実現する価値のことを指す。（サー）

45) ……様々なお客様の期待以上のサービス、スタンダードの基準を<u>上
回ったサービス</u>を提供することをコンセプトとしています。（旅）

## 3.3 ウワマワッテイル

①現在の状態の持続を表す

連体形ウワマワッテイルは、現在の状態の持続を表す。必ずしも変化結果の
状態の持続というわけではなく、結果性が弱かったり、はじめから「上回って
いる」場合であったりするものが多い。統計などを見ながら説明している場合
のものが目立ち、Nが表すものごとについて、現在の目の前の状態を表してい
る。今回の用例では、ウワマワッテイルNが主語となっているものが多かった。

46) 「銘柄コードを同時に複数入力すると最大5銘柄まで1つのチャート画
面内で表示、比較ができるんだよ。」……

「じゃあ早速ボクの持ってる銘柄と比較しようっと」（と、銘柄コードを
入力する）

「ほらほら、健闘しているよ。TOPIXより大きく<u>上回っている</u>ものもあるじゃないか。」(読売株)

47) B.B.〔指標を表すチャートの一種〕による今晩の指標：中心線を<u>上回っている銘柄</u> WTI、金、白金、コーン、大豆、粗糖、アラビカ (liブ2008)

次は、「これまでの～」「今後の～」という表現により「現在の」状態に重点が置かれる文脈でウワマワッテイルが使われている。

48) 基準価額が高く、一見割高と思われる投資信託であっても、当初募集時の価格にあたる基準価額1万円を<u>上回っている</u>時価総額が大きな投資信託は、これまでの成果と今後の機動的な運用に対する期待値とを合わせると、相当価値が高いと考えられるのではないでしょうか。(イン)

次のように、Nが連体節の状況語になっている場合は、Nが連体節の事態の状況を差し出しているにすぎず、ウワマワッテイルは文末述語的である。

49) 〔1988年について〕各国別に、国際発信情報量と国際受信情報量との差をみると、発信情報量が受信情報量を大きく<u>上回っている</u>国は、英国、ドイツ、米国、イタリアであり、反対に受信情報量が発信情報量を大きく<u>上回っている</u>国が、カナダ、オーストラリア、インドであった。(通信1992)

50) 1995年の都道府県別素材供給量において、自県産材の供給量が外材を<u>上回っている</u>地域は、北海道、青森、岩手、栃木、岐阜、三重、奈良、岡山、高知、長崎、熊本、大分、宮崎、鹿児島の十五道県となっている。

(山村)

②特性としての程度を表す

ウワマワッテイルが使われた用例は2例あった。この2例は、基準を表すのはいずれもヲ格名詞ではなく、名詞にヨリがついた形が使われ、「～より ―のほうが/ともに 上回っているN」となっている。ウワマワッテイルが使われると、ウワマワル・ウワマワッタよりも、その特性が実際に現れているという発現性が示される。

51)　どんな人間でも技術というものとセンスというものがあるでしょ。で、結果的にその作品を見た場合、どのレベルにおいてもその人間の技術より、センスというもののほうが<u>上回っている</u>音楽のほうが、私にとっては価値があるという意味なんですよ。（Jラ）

52)　西内まりやより容姿、歌唱力ともに<u>上回っている</u>メンバー（2ch 2005）

## 3.4　ウワマワッテイタ

○過去のある時点における状態の持続を表す

　次のウワマワッテイタは、過去のある時点において状態が持続していることを表す。

53)　当時、連結売上高を大きく<u>上回っていた</u>1兆4千100億円の有利子負債もこの十年間で一兆円削減し、四千億円にすることができた。（逆境）

54)　前月まで17カ月連続で前年を<u>上回っていた</u>産業用大口需要は、〔今日は〕横ばいだった。（西日本）

55)　かつては経済水準で韓国を<u>上回っていた</u>北朝鮮だが、70年代に韓国に逆転された。（読売2003）

## 3.5　「上回る」のまとめ

　以上見てきた「上回る」の連体形をまとめると、表3のようになる。

　「上回る」の連体形は、ウワマワルの形が圧倒的に多く、特性を表している。ウワマワッタ／ウワマワッテイル／ウワマワッテイタは少なく、それぞれ表3にあるような意味を表している。ウワマワッテイルNは、用例数が少なく確定的なことは言えないが、文中で主語になる割合が高かった。一時的な状態を表すウワマワッテイル／ウワマワッテイタで修飾される限定的なものを主語として差し出し、それについて述べるという用例が目立った。

　ここで、「連体形N」が述語になる1）の例をもう一度見てみよう。

1)　今回のコンサートチケットの販売は，前回を<u>上回る</u>／<u>?上回った</u>売り上げだった。

　1）について、大学生を中心に行ったアンケート調査では、「上回る」が使

表3　「上回る」の連体形

| 連体形 | 意味 | | 「連体形N」の文の成分 | |
|---|---|---|---|---|
| 3.1<br>ウワマワル | 特性 | ①数量の特性を表す | いろいろな文の成分に<br>なる。<br>述語－643例中40例 | |
| | | ②数量関係を表す | | |
| | | ③程度を表す | | |
| | | ④程度のはなはだしさを表す | | |
| | | ⑤その他－言葉の定義の中で | | |
| 3.2<br>ウワマワッタ | 変化と<br>状態 | ①変化の実現と結果の現存を<br>表す | 22例 | 主語－6例 |
| | 状態 | ②結果性の弱い状態を表す | | |
| | 変化 | ③変化の実現を表す | 3例 | 主語－2例<br>述語－0例 |
| | 特性 | ④数量関係や程度を表す | 4例 | 主語－2例<br>述語－2例 |
| 3.3<br>ウワマワッテイル | 状態 | ①現在の状態の持続を表す | 11例 | 主語－7例<br>述語－0例 |
| | 特性 | ②程度を表す | 2例 | 主語－1例<br>述語－0例 |
| 3.4<br>ウワマワッテイタ | 状態 | ○過去のある時点における状<br>態の持続を表す | 4例 | 主語－2例<br>従属節の述語－1例 |

用例数は『現代日本語書き言葉均衡コーパス』からの用例のみ

えないとした回答は49人中0人、「上回った」が使えないあるいは迷うとした回答は49人中34人であった。

　しかし2）では、「上回る」が使えないとした回答は49人中0人、「上回った」が使えないあるいは迷うとした回答は49人中21人であった。2）の場合のほうが、「上回った」の許容度が高い。

　2）　前回を<u>上回る</u>／<u>上回った</u>売り上げに驚いた。

　1）2）で「上回る」が使われた場合は、変化の側面・時間性は含まず、「前

回（の売り上げ）」との数量的関係のみを表している。「連体形N」が述語である
1）は「売り上げ」の時間的な側面が切り捨てられた属性が問題にされる度合
いが強いことが[3]、「上回った」が不自然であることに関係しているのだろう。
次の用例のように述語部分の連体形はウワマワッタではなくウワマワルが使わ
れる。

56）〔株式の話〕今日で4連騰となりました。指数的に日経平均がTOPIX
　　を上回る上げでした。（Yブ2008）

57）日露戦争の総出動人員百十万のうち、脚気患者は二十一万人以上も出
　　た。脚気による死者は二万七八〇〇人出た。これはなんと二〇三高地の
　　死者をも上回る数である。（児玉）

58）新垣が4試合連続完投勝利。今季初の無四球完投で、しかも昨季を上
　　回る9勝目だ。（毎日2004）

59）一方、景気と企業収益の実態は、2000年のITバブル時のピークを上回
　　る好調さである。（日経2004）

60）今の国の公共部門の負債は700兆円に上る。そして年金債務の800兆円
　　と合わせると、合計で約1500兆円にもなる。約1400兆円といわれる個人
　　金融資産を上回る額だ。（産業）


ウワマワッタNが主節の述語に使われた用例は43）の1例があり、従属節の
述語に使われた用例は61）62）の2例があった。いずれも、程度副詞とともに
使われている。

43）……3万6800円と予想を大幅に上回った価格だった。（A）

61）私が言うのは、〔落札価格は〕予定価格をかなり上回った金額だったと
　　いうことじゃないかと、こう聞いているんです、経緯の問題。（国会1986）

62）〔東名高速道路は〕当初の台数で見て償還が終わって、それよりもたく
　　さん通っていて、三倍払っているという事実が出ているわけです。そこ

---

3）鈴木重幸（1972）では、｜名詞が述語になるばあい、基本的にはそれは主語によっ
　てしめされるものやことがらの性質や状態をあらわす。一般に名詞はものやことがら
　をさししめすが、述語になっているばあいには、そのものやことがらのもっている属
　性（性質や状態）が問題にされるのである。」（p.411）と述べている。

が、今までどおりの料金で通行する、私たちは、それは要するに受益者負担をはるかに<u>上回った負担</u>だというふうに思うんですね。（国会2004）

61）62）は、従属節を取り出してそれぞれ「〔落札価格は〕予定価格をかなり<u>上回った金額</u>だった。」「それは要するに受益者負担をはるかに<u>上回った負担</u>だ。」としても違和感はない。43）61）62）とも程度副詞が使われている。3例のみなので確かなことは言えないが、程度副詞があると、連体過去形は形容詞的な属性を表すはたらきに似てきて、「上回る」と違いがなくなるのかもしれない。

## 4. 「こす・こえる」「まさる」「しのぐ」の連体形

「こす・こえる」「まさる」「しのぐ」の連体形について、簡単に用例を見ておく。この4動詞の連体形はスルの用例が圧倒的に多い（表1）。

### 4.1 スル

○特性を表す：「こすN・こえるN」「まさるN」「しのぐN」

連体形スルは、特性を表す。

63）　山口県萩市の離島、見島沖はクロマグロ釣りのメッカとして知られているが、それでも二百キロを<u>超す</u>クロマグロはそう釣れるものではない。

（新潮2001）

64）　スピードに<u>勝る</u>ドイツＡは、五十二分過ぎにはトップに追い付き、ここでシンガポールをかわして首位に立つ。（ラジ）

65）　前2作をはるかに<u>しのぐ</u>クオリティとボリュームに期待！（コン）

### 4.2 シタ

①特性を表す：「こしたN・こえたN」「まさったN」

シタNの連体形は、特性を表すものも多い。「しのいだN」の用例はなかった。

66）　子供が生まれたり、病気した時に、貯蓄もなかったらどうする？　あわててサラ金へ駆け込む気か？　身の丈を<u>越した</u>生活は、必ずどこかで破綻する。（お金）

67)　オプチカル処理、コンピューター画像、移動撮影など、もはや学生の
　　　レベルをはるかに<u>超えた</u>作品に仕上がっている。（スター）

68)　……自分は菅公より三つの点で優っているからだというのである。そ
　　　の一つは、……という点で、二つ目は菅公の家柄よりずっと<u>優った家</u>に
　　　生まれた点だという。（時の）

②変化の実現と結果の現存を表す：「こしたＮ・こえたＮ」

69)　一梃の銃が、途中、三十人、五十人と収容して千名を<u>越えた集団</u>を守っ
　　　てくれる巨砲のようにさえ見えるのであった。（満州）

70)　知人で関越地方に住んでいる者がいますが某オークションで一年の内
　　　に評価が1000を<u>超えた方</u>ですが税務調査があったとのこと。（Y知2005）

　次のような用例は、変化の側面・結果性が弱まり、単に状態を表すものに近
い。

71)　株式持ち合いという経営者の互助システムが崩壊し、上場会社の外人
　　　持ち株比率は直近では20％にまで上昇した。外人比率が過半数を<u>超した</u>
　　　<u>超優良企業</u>もある。（朝日2004）

72)　車を中古で買って早5年。ATFの交換を薦められて今迷ってます。
　　　……通常、5万キロを<u>超えた車</u>は、トラブルの元になるので変えないほ
　　　うがいいと言われています。（Y知2005）

③変化の実現を表す：「こえたＮ」

　ヲ格名詞で表される基準より少ない状態からそれより多い状態へと変化した
ことを表すものである。変化の実現を表し、その結果の現存については述べて
いない。用例は、次のような時を表す名詞にかかるもので、Ｎが連体節の状況
語となるものだけだった。このような連体形は、文末述語的である。

73)　我が国の人口は、2006（平成18）年にピークを迎え、2007（平成19）年か
　　　らは減少に転じ、2050（平成62）年には総人口が1億59万人となると予想
　　　されているが、これは初めて総人口が1億人を<u>超えた</u>1967（昭和42）年の
　　　水準に戻ることを意味する。（科学2005）

## 4.3 シテイル

①現在の状態の持続を表す：「こしているＮ・こえているＮ」

74) ……全国のシェアの七十％を<u>超している</u>サントリーを例にとりますと、〔小売価格が〕四百三十円から五万円まであります。(国会1978)

75) 事業所の女性従業員比率について（図１-３：略） 女性が６割を<u>越えている企業</u>は、全体の5.6％、６社のみであった。(職場)

76) だが、〔スピードが〕百八十キロを<u>超しているポルシェ</u>は急角度で左に折れ曲がった。(偶人)

76) は、この箇所の40～50行前に「〔ポルシェのハンドルを握っている〕希里子はますますアクセルを強く踏み込んだ。」という文があるので、結果性も表しているとも考えられる。

②特性を表す：「こえているＮ」、「まさっているＮ」

77) コンピュータ技術、情報処理技術、建築設計技術、広報宣伝技術、顧客接客技術、さらには都市計画分野の地域計画技術など、個別ごとの知識・技術では、ほるかにその地域の行政マンの知識・技術を<u>超えている市民</u>が多く住むようになってきている。(政策)

78) 木戸は、自分よりもその人間的容積においてより大きな西郷と、その政治性において格段に<u>優っている大久保</u>との二人に支えられた薩閥を対手に、孤軍奮闘しなければならなかった。(翔ぶ)

## 4.4 シテイタ

○過去のある時点における状態の持続を表す：「こえていたＮ」

79) 介護事業に同ホテルが乗り出したのは昨年八月。観光客の落ち込みで、10年前に年間六万人を<u>超えていた宿泊者</u>も最近は約四万人に減少し、「このままではホテルとして経営が成り立たない」(高柳貴裕社長)と、思い悩んだ末の決断だった。(河北2004)

次のような例では、結果性も表されている。

80）　急騰を続けて当初の十倍である千ポンドを<u>超えていた</u>南海会社の株は、バブルの崩壊とともに暴落して、わずか数カ月後には百二十ポンド、十分の一程度まで下がった。（バブ）

　人物の年齢を表す場合は、「こす」（2例）、「こえる」（1例）、「こした」（6例）、「こえた」（5例）、「こえている」（6例）、「こえていた」（1例）の用例があった。スルは年齢を特性として表し、シタは変化の実現と結果の現存として表す。

81）　八十歳を<u>超す女性</u>が、瞑想に取り組んでから若返り、どう見ても六十代と言われるようになった例もあります。（Medi）

82）　園児から八十歳を<u>越えるランナー</u>が、ススキの穂がたなびく高原を駆け抜けました。（広報）

83）　小柄な世界の大医学者と、六十を<u>こした老婆</u>が目を赤くしてうなずき合う。（遠き）

84）　古希を<u>超えた老人</u>より（Y知2005）

　シテイル・シテイタは、人物の年齢を、現在あるいは過去のある時点での状態の持続として表し描写する。結果性も表している。

85）　いま、七十を<u>こえている慈海和尚</u>は、忍びの者ではない。（真田）

86）　……おれはつい、もう七十を<u>超えている父</u>の顔を思い浮かべてしまった……（夏の）

87）　西行の"永遠の女性"待賢門院璋子は白河院の養女として育てられ、院の寵愛を受けて成長するが、六十歳を<u>超えていた白河院</u>は十七歳の璋子を、孫で十五歳になる鳥羽天皇の中宮にすえた。（熊野）

## 4.5 「こす・こえる」「まさる」「しのぐ」のまとめ

表4 「こす・こえる」「まさる」「しのぐ」の連体形

| 連体形 | 意味 | | 備考 |
|---|---|---|---|
| 4.1 スル | 特性 | ○特性を表す | 用例が多い |
| 4.2 シタ | 特性 | ①特性を表す | シタの中では「特性」を表す用例が最も多い。「状態」の用例も少なくない。 |
| | 変化と状態 | ②変化の実現と結果の現存を表す | |
| | 状態 | 結果性の弱い状態を表す | |
| | 変化 | ③変化の実現を表す | |
| 4.3 シテイル | 状態 | ①現在の状態の持続を表す | 「状態」を表す用例が多い。（結果性を表すものもある。） |
| | 特性 | ②特性を表す | |
| 4.4 シテイタ | 状態 | ○過去のある時点における状態の持続を表す | （結果性を表すものもある。） |

## 5. まとめ

　「過不足・優劣」を表す動詞のうち「過・優」を表す「上回る」「こす・こえる」「まさる」「しのぐ」の連体形は、スルが圧倒的に多く、特性を表す。

　シタは用例が多くないが、「上回った」は状態を表すものが多く、他の動詞は特性を表すもの・状態を表すものの用例数に大きな差はない（用例数が少ないので、断定的なことは言えない）。変化の実現を表しうる「上回る」「こす・こえる」では、連体形シタが変化の実現を表すものがある（非常に少ない）。

　シテイルは現在の状態の持続を表すものが多く、特性を表すものも少ないがある。

　シテイタは過去のある時点における状態の持続を表す。

　「過・優」を表す「まさる」「しのぐ」は、文末述語に使われて運動＝変化の実現（と結果の現存）を表す次のような用例は少なく、連体形はすべて特性を表す。

88）　トカゲたちは〔奇妙なきのこを〕平気で食べていたではないか。ついに空腹が理性にまさった。アフサン〔＝登場人物の名前〕は木のかたわ

らにしゃがみこんで、きのこをひとつもぎ取った。(占星)

89)　この人は明治の文物に親しんで久しく、その博捜と精査は明治文化研
究の雄、森銑三と並び、しばしば森銑三を<u>しのいだ</u>。(机上)

## 初出等一覧

第1章　ニュース文聴解における予測能力——テ形接続を中心とした日本語母語話者と日本語学習者との比較——

1996年12月『言語文化と日本語教育』第12号 pp.46-57（お茶の水女子大学日本言語文化学研究会）

1997年3月『日本語学習者の文の予測能力に関する研究及び読解力・聴解力向上のための教材開発　平成8年度文部省科学研究費補助金基盤研究（B）（2）研究成果報告書』研究代表者　平田悦朗 pp.87-106（お茶の水女子大学）

第2章　指示語「ソンナ」と「ソウイウ」について

1997年6月『言語文化と日本語教育』第13号 pp.149-159（お茶の水女子大学日本言語文化学研究会）

第3章　指示形容詞と名詞とのかかわり

1998年3月『人間文化研究年報』第21号 pp.205-213（お茶の水女子大学大学院人間文化研究科）

第4章　書き言葉における文脈指示——「この」と「その」の場面と場——

2001年3月「書き言葉における文脈指示——コノとソノ——」『人間文化論叢』第3巻 pp.67-76（お茶の水女子大学大学院人間文化研究科）

第5章　会話文における文脈指示のコ・ソ・ア

2002年3月お茶の水女子大学博士論文

2004年3月『マテシス・ウニウェルサリス』第5巻第2号 pp.173-193（獨協大学外国語学部言語文化学科）

第6章　接続詞「それが」の意味・用法について

2007年3月『マテシス・ウニウェルサリス』第8巻第2号 pp.165-184（獨協大学外国語学部言語文化学科）

第7章　逆条件節をつくる形式——-テモ・〜トシテモ・ニシテモ・ニセヨ［ニシロ］

2010年3月『日本語形態の諸問題—鈴木泰教授東京大学退職記念論文集』pp.255-268 ひつじ書房

第8章　「-ないまでも」節の意味と機能

2012年3月『マテシス・ウニウェルサリス』第13巻2号 pp.141-155 獨協大学国際教養学部言語文化学科

第9章　逆接的な関係をつくる「Nデモ」——Nデモ（名詞+とりたて助辞）とNデモ（名詞譲歩形）——

2014年3月『松蔭大学紀要』17号 pp.131-142 松蔭大学

## 参考文献

青木伶子（1973）「資料1　接続詞および接続詞的語彙一覧」『品詞別日本文法講座6
　　接続詞・感動詞』明治書院

赤羽根義章（2001）「接続助詞の形態と対応する接続語──『けれども、そうするけれども、
　　だけれども』『が、そうするが、だが』『それが』──」『宇都宮大学教育学部紀要』51
　　第1部

庵功雄（1995a）「テキスト的意味の付与について──文脈指示における『この』と『その』
　　の使い分けを中心に──」『日本学報』14　大阪大学文学部日本学研究室

庵功雄（1995b）「コノとソノ──文脈指示の二用法──」『日本語類義表現の文法』（下）
　　くろしお出版

庵功雄（1996）「『それが』とテキストの構造──接続詞と指示詞の関係に関する一考察──」
　　『阪大日本語研究』8　大阪大学文学部日本語学講座

石垣謙二（1955）「主格『が』助詞より接続『が』助詞へ」『助詞の歴史的研究』岩
　　波書店

石黒圭（1999）「逆接の基本的性格と表現価値」『国語学』198　国語学会

市川孝（1978）『国語教育のための文章論概説』教育出版

市川保子（1993）「外国人日本語学習者の予測能力と文法知識」『筑波大学留学生セ
　　ンター日本語教育論集』8

井手至（1952）「文脈指示語と文章」『国語国文』京都大学文学部国語国文学研究室

井手至（1958）「代名詞」『続日本文法講座1文法各論編』明治書院

稲垣吉彦（1987）『入門マスコミ言語論』大修館書店

岩澤治美（1985）「逆接の接続詞の用法」『日本語教育』56　日本語教育学会

遠藤裕子（1982）「接続助詞『て』の用法と意味」『音声・言語の研究』2　東京外国
　　語大学音声学研究室

大槻文彦（1982）『新編大言海』冨山房

大野晋ほか（1970）「助詞の機能と解釈」『国文學 解釋と鑑賞』35-13　至文堂

尾方理恵（2001）「『ものの』の意味と用法」『東京外国語大学留学生日本語教育セン
　　ター論集27』東京外国語大学留学生日本語教育センター

岡部寛（1995）「コンナ類とコウイウ類──ものの属性を表す指示詞──」『日本語類義表
　　現の文法（下）複文・連文編』くろしお出版

桂千佳子（1995）「テレビニュース文の構造──文型抽出のてがかりとして──」『日本語
　　教育学会秋季大会予稿集』

川口順二（1984）「ソンナ＋Ｎについて──日西英対照──」『藝文研究』46　慶応義塾大学藝文学会

北條淳子（1989）「Ⅰ複文文型」『日本語教育指導参考書15 談話の研究と教育』国立国語研究所

北野浩章（1989）「『しかし』と『ところが』──逆接系接続詞に関する一考察──」『言語学研究』8　京都大学

金水敏・木村英樹・田窪行則（1989）『日本語文法　セルフマスターシリーズ4　指示詞』くろしお出版

工藤浩(2000)「副詞と文の陳述的なタイプ」『日本語の文法3 モダリティ』岩波書店

工藤浩（2005）「文の機能と叙法性」『国語と国文学』82-8　東京大学国語国文学会

工藤真由美（1995）『アスペクト・テンス体系とテクスト──現代日本語の時間の表現』ひつじ書房

久野暲（1973）『日本文法研究』大修館書店

黒田成幸(1979)「『（コ）・ソ・ア』について」『林栄一教授還暦記念論文集・英語と日本語と』くろしお出版

言語学研究会・構文論グループ（1986）「条件づけを表現するつきそい・あわせ文（四）──その4・うらめ的なつきそい・あわせ文──」『教育国語』84　教育科学研究会・国語部会編　むぎ書房

小泉保（1987）「譲歩文について」『言語研究』91　三省堂

国立国語研究所（1951）『国立国語研究所報告書3　現代語の助詞・助動詞──用法と実例──』秀英出版

国立国語研究所編（1964）『分類語彙表』

阪田雪子（1971）「指示語『コ・ソ・ア』の機能について」『東京外国語大学論集』21

佐久間鼎（1936〈1983〉）『現代日本語の表現と語法』厚生閣（1983《増補版》復刊くろしお出版）

佐久間まゆみ（2002）「接続詞・指示詞と文連接」『日本語の文法4　複文と談話』岩波書店

佐治圭三（1970）「接続詞の分類」『月刊文法』2-12　明治書院

佐竹久仁子（1986）「『逆接』の接続詞の意味と用法」宮地裕編『論集日本語研究（一）現代編』明治書院

定延利之（1995）「心的プロセスからみたとりたて詞モ・デモ」『日本語の主題と取り立て』くろしお出版

正保勇（1981）「『コソア』の体系」『日本語教育指導参考書8　日本語の指示詞』国立国語研究所

鈴木重幸（1972）『日本語文法・形態論』むぎ書房

鈴木康之（1978 ～ 1979）「ノ格の名詞と名詞とのくみあわせ⑴～⑷」『教育国語』55・56・58・59　むぎ書房

須田義治（2005）「連体形のテンス・アスペクトについて」『沖縄大学人文学部紀要』6

須田義治（2009）「現代日本語における状態・特性・関係を表す動詞の連体形」『国語と国文学』86-11　東京大学国語国文学会編

須田義治（2010）『現代日本語のアスペクト論──形態論的なカテゴリーと構文論的なカテゴリーの理論』ひつじ書房

砂川有里子ほか（1998）『教師と学習者のための日本語文型辞典』グループ・ジャマシイ編　くろしお出版

高橋太郎（1956）「『場面』と『場』」『国語国文』25-9　京都大学文学部国語国文研究室

高橋太郎（1974〈1978〉）「連体形のもつ統語論的な機能と形態論的な性格の関係」『教育国語』39　教育科学研究会・国語部会編、松本泰丈編（1978）『日本語研究の方法』むぎ書房 所収

高橋太郎（1979〈1994〉）「連体動詞句と名詞のかかわりあいについての序説」『言語の研究』言語学研究会（編）、高橋太郎（1994）『動詞の研究』むぎ書房 所収

高橋太郎・鈴木美都代（1982）「コ・ソ・アの指示領域について」『国立国語研究所報告71　研究報告集3』国立国語研究所

高橋太郎（1984）「名詞述語文における主語と述語の意味的な関係」『日本語学』3-12　明治書院

高橋太郎・鈴木美都代（1989）「コソアド代名詞はどんなものをさしうるか」『国立国語研究所報告96　研究報告集10』国立国語研究所

高橋太郎（1990）「指示語の性格」『日本語学』9-3　明治書院

高橋太郎と94年度演習生（1996）「現実の場面からコ・ソ・アの場への再構成の法則をもとめて」『立正大学 国語国文』33　立正大学国語国文学会

高橋太郎（1997）「『～というもの』『～ということ』『～というの』」『立正大学人文科学研究所年報』34　立正大学人文科学研究所

高橋太郎（2003）『動詞九章』ひつじ書房

高橋太郎・金子尚一・金田章宏・齋美智子・鈴木泰・須田淳一・松本泰丈（2005）『日

本語の文法』ひつじ書房

竹田宗次（2001）「ソノとコノの指示文脈」『計量国語学』23-2　計量国語学会

田中望（1981）「『コソア』をめぐる諸問題」『日本語教育指導参考書8　日本語の指示詞』国立国語研究所

田中寛（1989）「逆接の条件文〈ても〉をめぐって」『日本語教育』67　日本語教育学会

田中寛（1998）「『テモ』の周辺――『テデモ』をはじめとして――」『早稲田大学日本語研究教育センター紀要』10　早稲田大学日本語研究教育センター

多門靖容（1992）「文章の談話分析――『しかし』前後件の後続展開調査――」『日本語学』11-3　明治書院

塚原鉄雄（1968）「接続詞」『月刊文法』1-1　明治書院

塚原鉄雄（1969）「連接の論理――接続詞と接続助詞――」『月刊文法』2-2　明治書院

津留崎由紀子（1999）「名詞述語の中止形デの機能」『人間文化論叢』2　お茶の水女子大学大学院人間文化研究科

寺村秀夫（1987）「聴き取りにおける予測能力と文法知識」『日本語学』6-3　明治書院

寺村秀夫（1991）『日本語のシンタクスと意味III』くろしお出版

當作靖彦（1988）「聴解能力開発の方法と教材――聴解のプロセスを考慮した練習――」『日本語教育』64　日本語教育学会

徳川宗賢・宮島達夫編（1972）『類義語辞典』東京堂出版

中里理子（1996）「『ものの』の意味・用法について」『東京大学留学生センター紀要』6　東京大学留学生センター

西尾寅弥（1989）「語感」『講座日本語と日本語教育6　日本語の語彙・意味（上）』明治書院

西原鈴子（1985）「逆接的接続における三つのパターン」『日本語教育』56　日本語教育学会

日本語記述文法研究会編（2008）『現代日本語文法6　第11部　複文』日本語記述文法研究会編　くろしお出版

日本語記述文法研究会編（2009）『現代日本語文法2　第3部　格と構文　第4部　ヴォイス』くろしお出版

日本語記述文法研究会編（2009）『現代日本語文法5　第9部　とりたて　第10部　主題』くろしお出版

丹羽哲也（2013）「連体修飾節における基本形とタ形の対立」『形式語論集』和泉書院

沼田善子（1986）「とりたて詞」『いわゆる日本語助詞の研究』凡人社

浜田麻里（1993）「ソレガについて」『日本語国際センター紀要』3　国際交流基金日本語国際センター

浜田麻里（1995）「トコロガとシカシ：逆接接続語と談話の類型」『世界の日本語教育』5　国際交流基金

林四郎（1972）「指示連体詞『この』『その』の働きと前後関係」『国立国語研究所報告46　電子計算機による国語研究Ⅳ』国立国語研究所

林四郎（1983）「代名詞が指すもの、その指し方」『朝倉日本語新講座5　運用Ⅰ』朝倉書店

春木仁孝（1991）「指示対象の性格からみた日本語の指示詞――アノを中心に――」『言語文化研究』17　大阪大学言語文化研究科

比毛博（1989）「接続詞の記述的な研究」『ことばの科学2』むぎ書房

平田悦郎（1991）「ニュース文の構造と聴解の予測能力について」『お茶の水女子大学人文科学紀要』44　お茶の水女子大学

平田悦郎（1994）「日本語学習者のニュース文末部の聴解について」『お茶の水女子大学人文科学紀要』47　お茶の水女子大学

ペケシュ・アンドレイ（1995）「日本語における照応の語用論――より広い指示手段系列におけるコノとソノ――」『複文の研究(下)』くろしお出版

堀口和吉（1978）「指示語の表現性」『日本語・日本文化』8　大阪外国語大学

堀口和吉（1990）「指示詞コ・ソ・アの表現」『日本語学』9-3　明治書院

前田直子（1993）「逆接条件文『～テモ』をめぐって」『日本語の条件表現』益岡隆志編　くろしお出版

前田直子（1995）「ケレドモ・ガとノニとテモ――逆接を表す接続形式――」『日本語類義表現の文法（下）』宮島達夫・仁田義雄編　くろしお出版

松浦恵津子（1996）「『こんな・そんな・あんな』の意味・用法」平成7年度お茶の水女子大学大学院修士論文

松浦恵津子（2002）「会話文における文脈指示のコ・ソ・ア」平成14年度お茶の水女子大学大学院博士論文

松浦恵津子（2010）「逆条件節をつくる形式　-テモ・～トシテモ・ニシテモ・ニセヨ［ニシロ］」『日本語形態の諸問題――鈴木泰教授東京大学退職記念論文集』ひつじ書房（本書所収）

松村明編（1969）『古典語現代語助詞助動詞詳説』學燈社

三上章（1955〈1972〉）『現代語法新説』刀江書院（1972復刊　くろしお出版）

三上章（1970）『文法小論集』くろしお出版

南不二男（1993）『現代日本語文法の輪郭』大修館書店

宮地裕（1983）「二文の順接・逆接」『日本語学』2-12　明治書院

村木新次郎（2015）「日本語の品詞をめぐって」『日本語文法』15-2　日本語文法学会

森岡健二（1973）「文章展開と接続詞・感動詞」『品詞別日本文法講座6 接続詞・感動詞』明治書院

森田良行（1980）『基礎日本語2——意味と使い方』角川書店

森田良行・松木正恵（1989）『日本語表現文型』アルク

Lyons,John（1977）. Semantics, Vols.1&2. Cambridge：Cambridge University Press.

Levinson,Stephen.C（1983）. Pragmatics. Cambridge：Cambridge University Press. 安井稔・奥田夏子訳（1990）『英語語用論』研究社出版

Sweetser,Eve E.（1990）. From Etymology to Pragmatics:Metaphorical and Cultural Aspects of Semantic Structure. Cambridge：Cambridge University Press. 澤田治美訳（2000）『認知意味論の展開　語源学から語用論まで』研究社出版

Yoshimoto,Kei（1986〈1992〉）. 'On Demonstratives KO/SO/A in Japanese'. Gengo Kenkyu 90、〈日本語版〉「日本語の指示詞コソアの体系」『日本語研究資料集 指示詞』（1992）ひつじ書房

**用例出典**

〈第2章〉

朝日：『朝日新聞』／石返し：「石返し」『古典落語（四）』落語協会編 角川文庫／おしゃべり：「上沼恵美子のおしゃべりクッキング」朝日放送／男の：『男のポケット』丸谷才一 新潮文庫／男は・恋：「男はつらいよ・寅次郎恋歌」『山田洋次作品集6』立風書房／男は・忘れ：「男はつらいよ・寅次郎忘れな草」『山田洋次作品集6』立風書房／女社長：『女社長に乾杯！』赤川次郎 新潮文庫／占星王：『占星王をぶっとばせ！』梶尾真治 新潮文庫／ノル：『ノルウェイの森』村上春樹 講談社文庫1991／初天神：「初天神」『古典落語（三）』〈落語協会編〉角川文庫／ふぞろい：『ふぞろいの林檎たち』〈山田人一〉人和書房／正彦：『正彦くんのお引っ越し 結婚物語 中』〈新井素子〉角川文庫／らも咄：『らも咄』〈中島らも〉角川文庫

〈表2の調査に使用した資料〉

○シナリオ

「ふたり」原作：赤川次郎　脚本：桂千穂『'91 年間代表シナリオ集』（1992映人社）

「泣きぼくろ」原作：安倍譲二　脚本：松本功・田部俊行・工藤栄一『'91 年間代表シナリオ集』（1992映人社）

「息子」原作：椎名誠　脚本：山田洋次・朝間義隆『'91 年間代表シナリオ集』（1992映人社）

○対談

「日本人の『思想』の土台」『日本人は思想したか』（1995）吉本隆明・梅原猛・中沢新一

「退化した第三の眼」『脳という劇場　唯脳論・対話篇』（1991）養老孟司・中村雄二郎

○社説

朝日新聞社説 平成 7 年 6 月、11月、12月のもの計58日分

〈第3章〉（他論文から引用した用例の出典を除く）

阿川：「阿川佐和子のお見合い放浪記」阿川佐和子／朝日：「朝日新聞」／あした：「あした来る人」井上靖／あすなろ：「あすなろ物語」井上靖／一瞬：「一瞬の夏」沢木耕太郎／色の：「色のない空―虐殺と差別を超えて」久郷ポンナレット／男は：「男はつらいよ」山田洋次／女社長：「女社長に乾杯！」赤川次郎／風：「風立ちぬ」堀辰雄／ガラス：「ガラスのプロペラ」安西水丸／きのこ：「きのこ博物館」根田仁／銀座：「銀座八丁目探偵社」北尾トロ／黒い雨：「黒い雨」井伏鱒二／こう：「こうすれば暴走は止められた」福島章／好色：「好色」芥川龍之介／広報：「広報遠野」／こころ：「こころ」夏目漱石／国会：「国会会議録」／三軒：「三軒長屋」古典落語／サンダー：「サンダーバードで少々生き方を学んだ」漆田公一、サンダーバード研究会／十五代：「十五代将軍徳川慶喜」南條範夫／12人：「12人の優しい日本人」三谷幸喜と東京サンシャインボーイズ／小説：「小説宝石」戸井十月／新・音楽：「新・音楽展望」吉田秀和／人生：「人生を深く愉しむために」吉田秀和／素直な：「素直な戦士たち」城山三郎／政治：「政治行政学講義」佐藤俊一／占星王：「占星王をぶっとばせ！」梶尾真治／ターキー：「ターキーの気まぐれ日記」水の江瀧子／たけし：「たけしくん、ハイ！」ビートたけし／太郎：「太郎物語」曾野綾子／テレビ：「テレビアニメ魂」山崎敬之／点と線：「点と線」松本清張／動物：「動物の脳採集記」萬年甫／時の：「時の誘拐」芦辺拓／泣き：「泣きぼくろ」松本功ほか／涙：「涙流れるままに」島田荘司／日本経営：「日本経営品質賞とは何か」社会経済生産性本部編／

楡家：「楡家の人びと」北杜夫／ネット：「ネットdeゲット！不況が花の暮らし術」佐々木麻乃／ノル：「ノルウェイの森」村上春樹／俳句：「俳句研究宇多喜代子」／話を：「話を聞いてよ、お父さん！比べないでね、お母さん！」増田修／非対称：「非対称情報の経済学」藪下史郎／藤原京：「藤原京」木下正史／ふぞろい：「ふぞろいの林檎たち」山田太一／プロ：「プロが教える競売不動産の上手な入手法」山田純男・戸田浩介／北海道：「北海道新聞」／本の：「本の枕草紙」井上ひさし／息子：「息子」山田洋次・朝間義隆／八雲：「八雲の五十四年」銭本健二、小泉凡／病は：「『病は気から』の科学」高田明和／リハ：「リハビリテーション解説事典」小野知子ほか／路傍：「路傍の石」山本有三／論理：「論理を行為する」野矢茂樹／別れた：「別れたほうがイイ男　手放してはいけないイイ男」角川いつか／Add：「Add」仁木健／AERA：「AERA」／CSR：「CSRの心」笹本雄司郎ほか／Domani：「Domani」林真理子／Yaブ：Yahoo!ブログ／Ya知：Yahoo!知恵袋

〈第4章〉
宇宙：『宇宙からの帰還』立花隆／芸術的：「日本の芸術的風土」加藤周一／ケジメ：『ケジメの時代』木村尚三郎／生活史：『「生活史」の発見』角山榮／千利休：『千利休　無言の前衛』赤瀬川原平／どこから：『日本人はどこから来たか』加藤晋平／日本人：「日本人とは何か」加藤周一／日本的：「日本的なもの」加藤周一／日本文学：『日本文学史』小西甚一／働き：『働きざかりの心理学』河合隼雄／羅生門解説：『羅生門・鼻』の解説　吉田精一

〈第5章〉
赤西：「赤西蠣太」志賀直哉1917／あすなろ：「あすなろ物語」井上靖1953／一瞬：「一瞬の夏」沢木耕太郎1981／女社長：「女社長に乾杯！」赤川次郎1982／風に：「風に吹かれて」五木寛之1968／かよい：「かよい小町」石川淳1947／国盗り：「国盗り物語」司馬遼太郎1967／黒い雨：「黒い雨」井伏鱒二1966／剣客：「剣客商売」池波正太郎1973／塩狩峠：「塩狩峠」三浦綾子1968／新源氏：「新源氏物語」田辺聖子1979／人民：「人民は弱し官吏は強し」星新一1967／世界の：「世界の終りとハードボイルド・ワンダーランド」村上春樹1985／戦艦：「戦艦武蔵」吉村昭1966／太郎：「太郎物語」曽野綾子1973／痴人：「痴人の愛」谷崎潤一郎1925／沈黙：「沈黙」遠藤周作1966／人間：「人間失格」太宰治1948／ビルマ：「ビルマの竪琴」竹山道雄1948／冬の旅：「冬の旅」立原正秋1969／フルート：「フルートの正しい吹き方を考える」吉田雅夫1997／ブン：「ブンとフン」井上ひさし1970／平成：「平成三十年」堺屋太一1998／山本：

「山本五十六」阿川弘之1969 ／**容疑者**：「容疑者は赤かぶ検事夫人」和久峻三1990

〈第6章〉
**朝日**：『朝日新聞』 ／**仇討**：「仇討禁止令」菊池寛1936 ／**新しい**：「新しい天体」開高健1974 ／**一瞬**：「一瞬の夏」沢木耕太郎1981 ／**おとこ**：「おとこ鷹」子母沢寛1961 ／**女社長**：「女社長に乾杯！」赤川次郎1982 ／**買い占め**：「買い占め」清水一行1998 ／**剣客**：「剣客商売」池波正太郎1973 ／**孤高**：「孤高の人」新田次郎1969 ／**子を**：「子を貸し屋」宇野浩二1923 ／**さきに**：「さきに愛ありて」藤原審爾1977 ／**沙中**：「沙中の回廊」宮城谷昌光2000 ／**湿原**：「湿原」加賀乙彦1985 ／**社命**：「社命誘拐」小林久三1983 ／**出帆**：「出帆」芥川龍之介1916 ／**俊寛**：「俊寛」芥川龍之介1916 ／**食卓**：「食卓のない家」円地文子1978 ／**処女**：「処女懐胎」石川淳1947 ／**ジーンズ**：「ジーンズをはいたカカシ」水番1994 ／**人生・愛欲**：「人生劇場 愛欲篇」尾崎士郎1935 ／**人生・青春**：「人生劇場 青春篇」尾崎士郎1933 ／**人生・風雲**：「人生劇場 風雲篇」尾崎士郎1940 ／**過越し**：「過越しの祭」米谷ふみ子1985 ／**スポ**：石井晃の「スポーツ・ジャーナル」 ／**生活**：「生活の探求」島木健作1937 ／**銭形**：「銭形平次捕物控」野村胡堂1957 ／**太郎**：「太郎物語 大学編」曽野綾子1976 ／**停年**：「停年退職」源氏鶏太1962 ／**点と線**：「点と線」松本清張1958 ／**東京**：「東京ＲＯＭＡＮ主義」横尾忠則1996 ／**錦**：「錦の休日―長期休暇に挑んだ課長たち」足立倫行1994 ／**人形**：「人形浄瑠璃」有吉佐和子1958 ／**人間**：「人間の壁」石川達三1959 ／**巴里**：「巴里に死す」芹沢光治良1942 ／**百年**：『百年の預言』高樹のぶ子1999 ／**フォ**：『フォーカス』 ／**冬の旅**：「冬の旅」立原正秋1969 ／**ポスト**：『週刊ポスト』 ／**毎日**：『毎日新聞』 ／**まだ**：「まだ終わらない」陳舜臣1964 ／**真夜中**：「真夜中の喝采～きんぴか(3)～」浅田次郎1998 ／**宗方**：「宗方姉妹」大佛次郎1949 ／**夜明け**：「夜明け前」島崎藤村1935 ／**読売**：『読売新聞』 ／**羅生門**：「羅生門」芥川龍之介1915 ／**流離**：「流離譚」安岡章太郎1981 ／**旅愁**：「旅愁」横光利一1946 ／**檸檬**：「檸檬」梶井基次郎1925 ／**吾輩**：「吾輩は猫である」夏目漱石1907

〈第7章〉
**ア**：『AERA』 ／**青空**：『青空のリスタート』富田倫生1992 ／**朝**：『朝日新聞』 ／**厭**：「厭がらせの年齢」丹羽文雄1947 ／**女**：「女社長に乾杯！」赤川次郎1982 ／**カ**：「～カミサマと私～」Linso Hiyoshi 2003-2004 ／**海**：「海燕」小島政二郎1932 ／**化石**：「化石の森」石原慎太郎1970 ／**健**：「健康づくり」大原健士郎1995 ／**五稜**：「五稜郭残党伝」佐々木譲1991（発話者名を加えて引用） ／**沙**：「沙中の回廊」宮城谷昌光2000 ／**ジ**：

「ジーンズをはいたカカシ」水番1994 ／セ：「センティメンタル・デイズ」入谷芳彰1994 ／青春：「青春の蹉跌」石川達三1968 ／雪：「雪舟」小林秀雄1950 ／日：『日経新聞』／楡：「楡家の人びと」北杜夫1964 ／ノ：「ノンちゃんの冒険」柴田翔1975 ／百：「百年の預言」高樹のぶ子1999 ／平：「平成三十年」堺屋太一1998 ／マ：「マセマティック放浪記」本田成親2001 ／妙：「妙な話」芥川龍之介1921 ／メ：「メディア ソシオ-ポリティクス」立花隆2005 ／読：『読売新聞』／羅：「羅生門」芥川龍之介 1915 ／「檸」解：『檸檬』解説 新潮文庫 淀野隆三1950 ／ロック：「ロック、七〇年代―復刻ＣＤに『時代』を聴く」秋野平1991 ／ワ：ワールドフットサル情報（2004）／ AI：「Al-Ahram紙 社説」／ Sha：「Shadow Work」朝倉克彦1999

〈第8章〉
ア：「アメリカで武者修行をしたサムライ外科医が市井を生きる"赤ひげ"に」2006 ／朝：『朝日新聞』／掟：「掟破りのコーチング術」高畑好秀2004 ／大人：「大人の恋愛講座」2010 ／一：「一瞬の夏」沢木耕太郎1981 ／女：「女社長に乾杯！」赤川次郎1982 ／買：「買占め」清水一行1998）／疑惑：「疑惑」芥川龍之介1919 ／ザ：「ザ・ジャパニーズ」ライシャワー、國弘正雄訳1979 ／セ：「センティメンタル・デイズ」入谷芳彰1994 ／世：「世界各地にゲームのルーツを探る」増川宏一1993 ／世界：「世界の終りとハードボイルド・ワンダーランド」村上春樹1985 ／雪：「雪舟」小林秀雄1950 ／太：「太閤さまの虎」杉本苑子1989 ／痴：「痴人の愛」谷崎潤一郎1925 ／友：「友を選ばば三銃士」鈴木力衛2001 ／な：「なにが危険なの？」尾花紀子ほか2005 ／日経：『日経新聞』／日本：「日本経営品質賞とは何か」社会経済生産性本部編2001 ／ブ：「Yahoo!ブログ」／風：「風考計」若宮啓文2006 ／冬：「冬の往来」志賀直哉1925 ／マ：「マセマティック放浪記」本田成親／毎：『毎日新聞』／予：「予約会員獲得のすすめ」ダニー・ニューマン、松居弘道訳2001 ／ら：「ら抜き言葉殺人事件」島田荘司1991 ／Ｐ：「ＰＨＰほんとうの時代」川井聡・川口雄才2004 ／Ya知：「Yahoo知恵袋」／1級：「2001年 1級文法項目出題予想（頻度順）

〈第9章〉
朝日：『朝日新聞』／エネ：「エネルギー」黒木亮2008 ／安眠：「安眠メイク」渡辺芳樹2012 ／女：「女社長に乾杯！」赤川次郎1982 ／買：「買占め」清水一行1998 ／偶人（からくり）：「偶人館の殺人」高橋克彦1990 ／虚構：「虚構の春」太宰治1936 ／健康：「健康な心」大原健士郎1995 ／骨粗：「骨粗鬆症の予防と運動」福永哲夫1997 ／沙中：「沙中の回廊」宮城谷昌光2000 ／産業：大前研一の「産業突然死」の時代の人生論

2005-2008／**地獄**：「地獄への階段」津本陽1998／**市報**：「市報むさしの」2008／**常識**：「常識の源流探訪」伊東乾2009／**太郎・高**：「太郎物語 高校編」曽野綾子1973／**太郎・大**：『太郎物語 大学編』曽野綾子1976／**太郎・大 解説**：「太郎物語 大学編」解説 鶴羽伸子1979／**錦**：「錦の休日—長期休暇に挑んだ課長たち」足立倫行1994／**春の**：「春のはぐれクラッシュド・アイス」水番1995／**人が**：「人が見たら蛙に化(な)れ」村田喜代子2001／**百年**：「百年の予言」高樹のぶ子1999／**平成**：「平成三十年」堺屋太一1998／**迷**：「迷龍洞」荒俣宏1990／**ゑびす**：「ゑびす殺し」荒俣宏1990／**A god**：「A god and me 〜カミサマと私〜」Linso Hiyoshi 2003-2004／**Ya知**：「Yahoo!知恵袋」

〈第10章〉

**朝日**：『朝日新聞』／**あなた**：『あなたも「長期投資家」になろう！』澤上篤人 実業之日本社2001／**イン**：「インデックス投資日記@川崎」2011／**ウィ**：『ウィーン素描』堀野収 JTB出版事業局1997／**海から**：『海からの世界史』宮崎正勝 角川学芸出版2005／**運輸**：『運輸白書』運輸省／**AS**：「ASUS ZenWatch2 レビュー　初期セットアップとAndroidWear機能」『COGS INC.』2015／**円**：『円・ドル・元 為替を動かすのは誰か』加藤隆俊 東洋経済新報社2002／**お金**：『お金が「殖えて貯まる」30の大法則』横田濱夫 講談社2002／**科学**：『科学技術白書』文部科学省2005／**河北**：『河北新報』／**偶人(からくり)**：『偶人館の殺人』高橋克彦 祥伝社1990／**机上**：『机上の一群』向井敏 文藝春秋1995／**球場**：『球場に数秒間の沈黙を』成田好三 新風舎2003／**逆境**：『逆境はこわくない』瀬戸雄三 東洋経済新報社2003／**近代**：『近代日本の鉄道政策』松下孝昭 日本経済評論社2004／**熊野**：『熊野古道』細谷昌子 新評論2003／**ケー**：『ケータイ白書』田中辰雄 インプレスネットビジネスカンパニー 2005／**経営者**：『経営者を格付けする』有森隆 草思社2005／**経済**：『経済白書』／**小泉**：『小泉改革を邪魔するのはオヤメなさい』長谷川慶太郎 日本実業出版社2001／**広報**：『広報ひだ』岐阜県飛騨市2008／**国会**：『国会会議録』／**児玉**：『児玉源太郎』神川武利 PHP研究所2004／**コン**：『コンプティーク』角川書店2005／**サー**：『サービス経営戦略』小山周三 NTT出版2005／**真田**：『真田太平記』池波正太郎1985／**産業**：『「産業突然死」時代の人生論』大前研一 nikkeiBPnet 2005／**産経**：『産経新聞』／**山村**：『山村地域開発論』西野寿章 原書房2004／**JP**：「JPIセミナー」日本計画研究所／**Jラ**：『Jラップ以前』後藤明夫 TOKYO FM出版1997／**C.P.A.**：『C.P.A.チーズプロフェッショナル教本』チーズプロフェッショナル協会事務局 飛鳥出版2001／**社会保**：『社会保障論』全国社会福祉協議会2002／**週朝**：『週刊朝日』／**職場**：『職場における喫煙対策のためのガイドライン』労働省労働基準局1996／**新潮**：『週刊新潮』／**スター**：『ス

ター・ウォーズエピソード3快適副読本』河原一久、矢地雄 双葉社2005 ／政策：『政策学への発想』佐々木信夫 ぎょうせい1989 ／占星：『占星師アフサンの遠見鏡』ロバート・J・スウヤー 内田昌之（訳）早川書房1994 ／漱石：『漱石が聴いたベートーヴェン』瀧井敬子 中央公論新社2004 ／太平洋：『太平洋の薔薇』笹本稜平 中央公論新社 2003 ／旅：「旅WEB TRIPSTAR」㈱エボラブルアジア／中学：『中学生・高校生のための「おいしい」食育講座』服部津貴子 同友館2004 ／通商：『通商白書』通商産業省／通信：『通信白書』郵政省／次の：『次の世界が見えた』長谷川慶太郎 徳間書店2004 ／遠き：『遠き落日』渡辺淳一 角川書店1979 ／時の：『時の旅人』邦光史郎 祥伝社1994 ／都市：『都市保全計画』西村幸夫 東京大学出版会2004 ／翔ぶ：『「翔ぶが如く」と西郷隆盛』文芸春秋1989 ／dri：『driver』渡辺陽一郎 八重洲出版2004 ／夏の：『夏の夜会』西澤保彦 光文社2001 ／新潟：『新潟日報』／西日本：『西日本新聞』／20世紀：『20世紀放送史』日本放送協会2001 ／2ch：「2チャンネル」／日経：『日本経済新聞』／花芒：『花芒ノ海』佐伯泰英 双葉社2002 ／バブ：『バブルの研究』古川哲夫 ごま書房1993 ／米国：Webサイト「米国の地方制度」／北海道：『北海道新聞』／毎日：『毎日新聞』／満州：『満州崩壊』楳本捨三 光人社2005 ／民族：「民族観光の発展と人々の反応：サラワクのビダユ集落を事例として」吉岡玲、増田美砂『筑波大学農林技術センター演習林報告』27 2011 ／Medi：『Medical Beauty』森本展行ほか 文芸社2005 ／モー：『モーツァルトとブルックナー』宇野功芳 学習研究社2002 ／山本：『山本藤枝の太平記』山本藤枝(訳)1986 ／Y知：「Yahoo!知恵袋」／Yブ：「Yahoo!ブログ」／読売：『読売新聞』／読売株：『読売新聞株式投資入門』2005 ／よく：『よくわかる最新DVD技術の基本と仕組み』勝浦寛治 秀和システム2005 ／liブ：「livedoorブログ」／ラジ：『ラジコンマガジン』八重洲出版2004

# おわりに

　本書は、文法の基本にある「文中のある要素がその形式に応じて他の要素とのあいだに作る関係」に関するいくつかのテーマを取り上げて、そういった関係の理解に基づく予測能力について論じ、あるいはそういった関係を明らかにしようとした論文で構成されている。文の成分どうしの関係、節と節との関係、接続詞の前後の関係、照応関係、あるいは類義表現どうしの関係について、日本語学習者が一目見てすぐにわかるように、明快に示すことができたら便利だと思い考察を重ねてきた。しかし、実際に用例を集めて記述してみると、言語の実態はそう明快に線を引くことができない中間的なもの、2つ以上の性格をもったもの、お互いに重なり合い補い合っているものなども少なくなく、一覧表に書いてさっと示せるようなものでない部分があり、それが言語の事実なのだということを改めて思い知らされた。ただ、そうではあるものの基本的な用法、典型的な用法を示したうえで、微妙なところ——直感では何か違いが感じられるものをどこまで正しく記述し整理して提示できるかが問われているのでもある。その必要にこたえるべく、本書の研究成果が今後の日本語教育における文法指導等に生かされれば幸いである。

　著者は、学部卒業後十数年一般企業などで働いた後、日本語教育を学ぶためお茶の水女子大学大学院修士課程に入学した。大学院では日本語教授法等を学ぶと同時に研究はもっぱら日本語文法の分野で行っていた。日本語学習者が投げかけてくるさまざまな疑問にこたえようと、まず取り上げたテーマが指示語であった。博士課程に進み鈴木泰先生、故高橋太郎先生のご指導を仰ぐ機会に恵まれた。本書第2章は、修士論文「『こんな・そんな・あんな』の意味・用法」（1996年3月お茶の水女子大学）をベースに「ソウイウ」との比較を行ったものである。第5章は、博士論文「会話文における文脈指示のコ・ソ・ア」（2002年3月お茶の水女子大学）をまとめなおして紀要に掲載したものを、さらに今回加筆修正したものである。その他第10章以外は、紀要などに掲載されたものに今回あらたに加筆修正を加えたものである。また、第1章以外は、高橋太郎先生を中心に行われてきた「白馬（軽井沢）日本語研究会」で諸先生方のご指導を受け、

論文のかたちにまとめてきたものである。

　本書に収めた論文は、先にも述べたように「文中のある要素がその形式に応じて他の要素とのあいだに作る関係」ということに何らかのかたちでかかわっているものであり、また日本語教育の現場から出てきたテーマであるので、タイトルを『日本語教育における文法指導の現場から　照応・接続・文の成分間の関係性の諸相』とし出版することにした。本書刊行のためご尽力くださった鈴木泰先生、これまでご指導いただいた先生方、編集の段階でたいへんお世話になり貴重なアドバイスをいただいた笠間書院の重光徹氏に深く感謝申し上げたい。

# From the Field of Japanese Grammar Teaching: Aspects of Relationships on Anaphora, Conjunction, and Sentence Elements, etc.

## Abstracts

**1. Expectancy Competence in Japanese News Listening:A Comparison of Sentences with a Verb-*te* Clause Predicted by Japanese Native Speakers and Japanese Language Learners**

［Purpose］ This paper clarifies expectancy competence of Japanese native speakers and Japanese language learners when they listen TV news sentences including a verb-*te* clause. ［Methods］ For this purpose I conducted an investigation:Japanese native speakers and Japanese language learners listened a verb-*te* clause and predicted the following contents. They also wrote reasons for their prediction. ［Results］ The results show that Japanese native speakers predict them fairly accurately. On the other hand, Japanese language learners are not able to predict them properly when the subject of the verb-*te* clause does not appear, or when difficult words are used. ［Conclusion］ The results suggest that Japanese native speakers predict the following contents accurately as they understand the contents of the verb-*te* clause and predict the usage of the verb-*te* clause using extra-linguistic knowledge under the condition of the preceding context and TV news speech.

**2. Japanese Demonstrative Adjectives *SONNA* and *SOOYUU***

In some cases *SONNA* (=*konna, sonna, anna*) and *SOOYUU* (=*kooyuu, sooyuu, aayuu*) are interchangeable, and in other cases they are not. This paper discusses differences between *SONNA* and *SOOYUU* from the viewpoint of speakers' mental aspect. I examined contexts where *SONNA* or *SOOYUU* can be used, and what differences are made by replacing them with each other. My analyses show that *SONNA* is used when the speaker recognizes the entity generally and sensuously, and that *SOOYUU* is used when the speaker recognizes it analytically and objectively. I suggest that this difference between *SONNA* and *SOOYUU* is affected by the origin of the

.

words, and that this difference affects the frequencies of these words in spoken or written text. Furthermore, this paper argues the relationships between the characteristics of *SONNA* and its usage, that is, *SONNA* is frequently used to express speaker's subjectivity or degree of the matter.

### 3. The Relationships of Japanese Demonstrative Adjectives to Nouns

The Japanese language has demonstrative adjectives *SONO* (=*kono, sono, ano*), *SONNA* (=*konna, sonna, anna*), *SOOYUU* (=*kooyuu, sooyuu, aayuu*), and *SOOITTA* (=*kooitta, sooitta, aaitta*). Japanese also has *SONOYOONA* (=*konoyoona, sonoyoona, anoyoona*), which have functions similar to those of demonstrative adjectives. In this paper, I analyzed the relationships of Japanese demonstrative adjectives to nouns. The results show the following four types of relationship: 1) Demonstrative adjectives characterize what the noun represents. 2) Demonstrative adjectives add content of what the noun represents. 3) Demonstrative adjectives specialize what the noun represents. 4) Demonstrative adjectives modify what is not verbalized. Besides, there are a few examples of the relationship in which demonstrative adjectives make concrete what the noun represents. This paper also compares the relationships of demonstrative adjectives to nouns with those of adnominal verb phrases to nouns discussed in Takahashi (1979). I found that the former does not have the relationship which the latter has:the relationship in which an adnominal verb phrase relates what the noun represents to the action or the state described in the adnominal verb phrase.

### 4. The Anaphoric Usage of Japanese Demonstratives in Written Text: Objective Actual Scenes and Subjective Fields for *Kono* and *Sono*

This paper discusses anaphoric *kono* and *sono* in written text from the viewpoint of the relationships between objective actual scenes (=context in a broad sense) and subjective fields (=writer's sense of proximity). Takahashi (1956) discusses the process ⟨objective actual scenes → subjective fields → output⟩ in the deictic usage. It is important to consider the process also in studying the anaphoric usage. I examined what entities in the objective actual scenes the writer perceives to be proximal or not proximal. The results are as follows. (1) *Kono* is used when the writer perceives the entity to be well-defined, and proximal in subjective field: in terms of objective actual scenes, i) when the referent is identified with a proper noun, ii)when the referent is specified with a subordinate concept noun, iii)when the referent is described in detail, iv)when it is deictic use as well as anaphoric use (e.g., when the referent is the time in which it is written, or when the referent is writer's inner emotions or thoughts), v)when the referent is focused on in the context. (2) *Sono* is used when the writer perceives the entity not well-defined, and not proximal: in terms of objective actual scenes, i)when the referent is not identified individually, ii)when the referent is not described in detail, iii)when the referent is a suppositional thing, iv)when the referent is not focused on in the context.

## 5. The Anaphoric Usage of Japanese Demonstratives *ko/so/a* in Conversational Text

This paper discusses the anaphoric usage of the Japanese demonstratives *ko/so /a* in conversational text from the viewpoint of objective actual scenes (=context in a broad sense) and subjective fields (=speaker's sense of proximity). Examples are first analyzed in terms of who said the antecedent expression, and in terms of relationships between the referent and the speaker or the addressee. These factors are related to objective actual scenes. Second I examined what entities in the objective actual scenes the speaker perceives to be proximal or not proximal, and to be in his/her territory or in addressee's territory, and I considerd the anaphoric usage of *ko/so/a* in relation to the deictic usage. The results reveal the relationships between *ko/so/a* and the speaker / the addressee / the referent / the antecedent as shown in Table 3-2. In addition, the results suggest the existence of subjective fields common to both anaphoric use and deictic use.

## 6. On the Japanese Conjunction *Sorega*

This paper examines the meaning and usage of Japanese adversative conjunction *sorega* based on analysis of about 650 examples of *sorega*. Examples were divided into two groups: A) *sorega* connects utterances by one speaker, B) *sorega* connects addressee's utterance and speaker's utterance. The results reveal that *sorega* has three usages in the case of A), and four usages in the case of B). Furthermore, this paper discusses the discourse functions of *sorega* which other adversative conjunctions do not have.

## 7. Linguistic Forms for Making Concessive Clauses in Japanese: *-temo, ~tositemo, nisitemo, niseyo (nisiro)*

This paper discusses differences and similarities between four forms which make concessive clauses: *-temo, ~tositemo, nisitemo, niseyo (nisiro)*. This paper examines the following points: (1) grammatical classification of each form in terms of parts of speech, (2) tense forms of the predicates in concessive clauses which each form makes, (3) usage of each concessive sentences which each form makes : fixed conditional (=the condition is what already happened), hypothetical conditional, generic factual conditional, or counterfactual conditional, (4) whether the concessive clause and the main clause of each sentence express speaker's judgment, or whether they describe an occurrence. The results show the following: (1) *-Temo* consists of two morphemes *te* and *mo*, and *-temo* has only a concessive connective function which came about as a result from the fact that toritate particle *mo* was added to *te*-form (cf. Maeda, 1993). This characteristic of *-temo* can be related to the fact that there are relatively many -temo examples which express a simple concessive relationship between two occurences. Other three forms have morphemes *to / ni, shi, te, mo*, or *ni, se, yo*, and these forms express modal meaning "to hypothesize" or "to admit". As a consequence of mental operation "to hypothesize" or "to admit", many main clauses of *~toshitemo, nisitemo, niseyo (nishiro)* concessive clauses express speaker's judgment.

## 8. The Meanings and Functions of Japanese *-naimademo* Clause

In some previous studies, *-naimademo* was categorized as a conjunctive suffix which makes a concessive clause. It is certain that the concessive *-nisitemo / -niseyo* clauses and the adversative *-monono* clause have a usage similar to that of *-naimademo* clause. However, this paper argues that *-naimademo* makes not concessive clauses but clauses which express a limit of degree. First, this paper examines situations described in *-naimademo / -nisitemo / -niseyo / -monono* clauses. Second, it examines the predicative independence of the *-naimademo* clause from its main clause. Finally, it discusses a semantic characteritic of *-naimademo* clause. The results show that *-naimademo* clause has a semantic characteristic of limiting the degree of the situation, and that it has a function as a modifier clause rather than a concessive clause.

# 9. N*demo* (Noun+*demo*) Having an Adversative Relationship with Other Words in the Sentence: "N*demo* (N+Toritate Particle)"and "N*demo* (Concessive Form)"

N*demo* (N+toritate particle) which presents an extreme example and N*demo* (concessive form) are both have an adversative relationship with other words in the sentence, so that it is sometimes difficult to make a clear distinction between them. This paper discusses the reasons why it is difficult by analyzing what adversative relationship each N*demo* makes with other words in examples, and what function each N*demo* has. The results show the following as reasons for that: (1) The forms are the same, (2) Both N*demo*s make an adversative relationship, (3) In relation to the function of N*demo* (N+toritate particle) which presents an extreme case, N of N*demo* (N+toritate particle) expresses a thing with extreme property. When that property becomes distinct, the function of N becomes similar to that of predicate noun, which N*demo* (concessive form) is, (4) Not many subjects appear before N*demo* (N+toritate particle). Some subjects of N*demo* (concessive form) do not appear either. The positions where both N*demo*s appear are similar. (5) In the case where N*demo* (N+toritate particle) expresses an adversative cause (in section 2.1), the adversative cause and the predicate express different situations. This is similar to a case of a complex sentence, which N*demo* (concessive form) makes. (6) In the case where the relationship between N*demo* (concessive form) clause and the following clause is [state of the agent] [action or another state of the agent] (in section 3.2.1), or [premise] [explanation] (in section 3.2.2), the situation which N*demo* clause expresses and the situation which the following clause expresses are simultaneous and integrated. This is similar to a simple sentence, which expresses a single situation.

Furthermore, some examples are thought to be both N*demo* (N+toritate particle) and N*demo* (concessive form). This fact shows the linkage between the two N*demo*s.

# 10. On Adnominal Forms of Verbs Expressing "Excess or Deficiency" "Superiority or Inferiority": Focusing on *Uwamawaru*

Japanese verbs *uwamawaru, kosu / koeru, masaru*, and *sinogu* express excess or superiority. Sentence-final forms of these verbs sometimes express a change, and sometimes express a state or a characteristic of things without aspectual meanings. In this paper I examined whether adnominal forms of these verbs *suru / sita / siteiru /*

*siteita* forms express aspectual meanings, or whether they express a state or a characteristic without aspectual meanings. My analyses show the following: (1) *Suru* form is the most used form of the four adnominal forms, (2) *suru* form expresses a characteristic, and *sita / siteiru* forms sometimes express a characteristic, (3) *sita* form sometimes expresses completion of a change and its result, and *sita* form sometimes expresses a less resultant state, (4) most *siteiru / siteita* forms express a state at a certain point of time.

# 索　引

**著者略歴**

# 松 浦 恵 津 子 （まつうら・えつこ）

1955年福岡県生まれ。2002年お茶の水女子大学大学院人間文化研究科比較文化学専攻博士課程修了。博士（人文科学）。獨協大学非常勤講師、国際交流基金日本語国際センター客員講師などを経て、2013年より松蔭大学コミュニケーション文化学部教授。

論文に、
2017年3月「ト格の名詞がくわわる動詞との連語」（『鈴木泰先生古希記念論文集』国際連語論学会編、日本語文法研究会）
2017年3月「ト格の名詞と形容詞とのくみあわせ（連語論研究）」（『松蔭大学紀要』22号）
など。

日本語教育における文法指導の現場から

## 照応・接続・文の成分間の関係性の諸相

From the Field of Japanese Grammar Teaching : Aspects of Relationships on Anaphora, Conjunction, and Sentence Elements, etc.

2017年（平成29）10月31日　初版第1刷発行

著　者　松 浦 恵 津 子

装　幀　笠間書院装幀室

発行者　池 田 圭 子

発行所　有限会社 **笠間書院**

〒101-0064　東京都千代田区猿楽町2-2-3
☎03-3295-1331　　FAX03-3294-0996
振替00110-1-56002

ISBN978-4-305-70852-6　　　組版：ステラ　印刷／製本：大日本印刷
ⒸMATSUURA 2017
落丁・乱丁本はお取りかえいたします。　　　　　（本文用紙：中性紙使用）
出版目録は上記住所までご請求下さい。http://kasamashoin.jp/